法政大学大学院教授
坂本光司
&坂本光司研究室

幸せな職場のつくり方

障がい者雇用で輝く52の物語

ラグーナ出版

はじめに

今から6年ほど前に『日本でいちばん大切にしたい会社』（あさ出版）というタイトルの本を出版させていただきました。読者からの要望などあまりの反響の大きさに、その後『日本でいちばん大切にしたい会社2』『3』、そして昨年11月は『4』を出させていただきました。

その主たる内容は、私がこれまでに訪問調査させていただいた7000社以上の企業の中から、「この企業こそは真に日本でいちばん大切にしたい」と思った企業を5社から8社取り上げ、その経営の考え方、進め方を述べたものです。

紹介させていただいた企業は、日本を代表する大手企業ではなく、全国各地の中堅企業や中小企業ばかりでした。しかし、いずれの企業も愚直一途に、人をトコトン大切にする「正しい経営」を実践しているところばかりであったことから、読者の反応は並々ならぬものがありました。

とりわけ読者の心を大きく揺さぶったのは、単に利益率が高いとか、長期にわたって増収増益を続けているといった経営学の話ではありませんでした。それよりは、企業としての経営姿勢のすばらしさだったようです。つまり、社員やその家族をはじめとした企業にかかわりのあるすべての人々の幸せを大切にする経営、なかでも障がい者雇用に尽力している企業や障がい者の幸せづくりにトコトン重きを置いた企業経営の話でした。

実際、読者の方々からいただいたメールや手紙、さらにはＦＡＸや電話などの大半は、そうした経営に関する内容でした。

「自分たちは、障がい者雇用から目をそらしていました」「私たちは障がいのある人々の幸せを十分考えていませんでした」「私たちは大切なことを忘れていました」……。

なかには「よくぞ発掘してくれました。よくぞ書いてくれました。お礼申し上げます」「この本に登場する、この国の宝のような企業を支援し続けます。決してつぶしません」「障がい者を雇用するために、新工場はバリアフリーにします」「障がい者をもっと雇用するため、作業工程を全面的に見直します」、さらには「障がい者がより本領発揮できるような新規事業に着手します」といった、心ふるえるような多くのうれしい声もありました。

一方、障がい者の方やそのご家族からも、実に多くのメールや手紙をいただきました。先般もある主婦の方から、以下のような内容のメールをいただきました。

「私は鹿児島市に住む主婦です。子どもが3人いますが3人とも障がいがあります。子どもの将来のことを考えると、心配で眠れない夜を過ごすこともあります。また、私たち親が死んでからのことを考えると、夜中に飛び起きてしまうこともあります。でも先生の書かれた『日本でいちばん大切にしたい会社』シリーズの本を読み、何か勇気と希望がわいてきました。もしかしたら子どもたちを雇ってくれる企業があるかもしれないと。またつらいとき、苦しいときに先生の本を読みます。これからもずっとずっとこうした本を書き続けてください」

このメールをいただいたのは、夜中の12時過ぎでした。この女性の心情を察し、私の目から大粒の涙が流れ出てきました。

こうしたさまざまな立場の方から寄せられるさまざまな内容のお便りを読み、私は「本を書かせていただいて本当に良かった」と思うとともに、正直ホッとしました。この国には心優しい人々がいっぱいいる、この国はいつか再びよみがえると。

私は、自分が見聞きした企業や人々、さらには仲間から教えてもらって知るに至った、このような企業や人々の存在を、私の研究室に所属する大学院生たちに必ず詳細に伝えるようにしています。それは、こうした企業や人々の存在を知ることで、院生たちは一段と「徳」を高め一段と優しくなってくれるからです。

私の研究室には現在、修士、博士、研究生など約70名の社会人大学院生が在籍しています。年齢は20歳代から60歳代まで、職業は経営者をはじめとした企業人から、公認会計士、税理士、経営コンサルタント、社会保険労務士、さらには議員や公務員までさまざまです。院生たちはみな、自分自身の知見を高め、自分の所属する企業や組織をより良くするため、そして人をトコトン大切にする「正しい経営」を行う企業や経営者をもっと増やしたいという一心で、夜間や週末に大学院に学びにくるのです。

こうした院生たちの期待に応える方法は、理論や理想を語ることではないのです。そんなことよりはるかに大事なことは、人、とりわけ障がい者をはじめとする社会的弱者といわれる人々を、トコトン大切にする経営を実践している全国各地の「生きた企業」や「生きた人々」を題材にした現場研究だと思います。

研究室では大学院校舎での講義などを通じた企業研究はもとより、毎年、春と夏に3〜4回、全員で企業の現場に出かけていく合宿を実施しています。合宿では、1回について10社程度の現場を訪問し経営者をはじめ関係者と議論をします。さらには自主的に、日常的にかなりの数の現場に出かけていきます。おそらくその数は、少ない院生でも年間40社以上、多い院生では60社に達すると思います。

訪問する企業は北海道から沖縄県まで全国各地に及びますが、近年は意識して、障がい者雇用に熱心に取り組んでいる企業を訪問するようにしています。その最大の理由は、こうした企業を訪問して経営者の熱き思いを聞き、そこでがんばっている障がい者の姿を見て、声を聞くことにより、院生たちは自分たちの甘えに気付き、自分たちももっとがんばらねば……と思ってくれるからです。

そういった企業の情報は、多くは私から提示するのですが、最近では院生からの情報も増えてきています。そればかりか、訪問した企業を支援するため、自分たちにできることを、それぞれがさりげなく実行しているのです。例えば経営のアドバイスをしたり、販路拡大の支援のため、研究室や自社からの発注として、それらの企業の製造する商品やサービスを意識的に購入したりします。そして障がい者雇用の現場研究をしていく中で「傍観者であってはならない」と、自ら障がい者雇用に取り組み始めた院生も多くいます。「才」よりは「徳」を、「強さ」よりは「優しさ」を高める教育・人づくりが大切だと考えている私は、彼らのこうした言動を本当にうれしく思います。

本書は、そんな院生たちの発案で世に出すことになりました。院生たちが、「これまでの学習や研究成果を踏まえ、多くの人々や企業に、障がい者雇用の重要性と必要性を訴えるとともに、障がい者雇用に尽力している企業をたたえ、報いたい。その一つとして、これらの企業を紹介する本を出版しよう」と提案したのです。そしてそのタイトルは『幸せな職場のつくり方―障がい者雇用で輝く52の物語―』と決まりました。

出版が決まるとプロジェクトチームが発足し、より良い本にするための全員での議論が何回も繰り返されました。掲載したい企業、掲載することにより称賛したい企業は、当初は100社を優に超えていました。しかしながら紙面の限界もあり、地域や業種・業態、企業規模、さらには就労している障がい者の障がい区分などを考慮し、今回は52社を掲載させていただくことになりました。

この52社へは、院生が全員で手分けをして、再度訪問取材をさせていただきました。企業の皆様方には、取材への協力や資料の提供などで大変お世話になりました。この場を借りて厚くお礼申し上げます。

本書がきっかけとなり「障がい者に優しい企業」「障がい者雇用に尽力する企業」が全国各地に増えてくれるならば、執筆者一同、これほどうれしいことはありません。

ところで、本書の出版は、本書の事例でも登場する「ラグーナ出版」にお願いしました。それは、ラグーナ出版が障がい者に関する書籍を出版している専門出版社だからとか、研究室と親しいといった単純な理由からではありません。

『日本でいちばん大切にしたい会社3』でも書かせていただきましたが、同社は、障がい者の働く幸せ、働く喜びを創出するため、精神科医である森越会長や精神保健福祉士である川畑社長が病院を辞め設立された、この国の宝のような大切な企業です。この本はラグーナ出版から出させていただくのが最もふさわしい、そう思ったからです。

とはいえ本書の出版にあたっては、原稿の加筆修正や校正など、森越会長や川畑社長をはじめとするラグーナ出版の多くのスタッフに、大変お世話になりました。あらためて厚くお礼申し上げます。

2014年3月吉日　書類が散乱する書斎にて

執筆者代表　法政大学大学院政策創造研究科教授　坂本光司

もくじ

はじめに　3

序　章　なぜ障がい者雇用で会社が幸せになるのか　―5つの法則―

求められる障がい者雇用　16

障がい者雇用に取り組む企業の特長　24

第1章　なぜ経営者の志が輝くのか

両腕を失っても、口にペンをくわえ、障がい者のためにクリーニング業を始めた男の物語

社会福祉法人　北海道光生舎　34

「社会福祉に貢献する集団を作る」情熱が受け継がれる、日本最大のはんこ屋チェーン

株式会社　大谷　39

本格的ワインづくりの夢を実現し、秋の「収穫祭」に1万5千人が訪れる農場

有限会社　ココ・ファーム・ワイナリー　43

障がいと闘う自分のため、仲間のために、働く場を創り、就労を支援する

株式会社　ウェルテクノス　48

多発性硬化症が進行する中、夢の実現に邁進するフィットネスクラブ2代目社長
株式会社　ケー・アンド・イー　53
福祉と経済の融合で、新しいビジネスモデルを切り拓く会社　**一般社団法人　ラバルカグループ**　57
障がい者の自立のための「脱障がい者施設」を目指して　**社会福祉法人　共生シンフォニー**　63
「ピア・サポート&ナチュラル・サポート」の社会へ向けて、人材育成で輝く会社
まるく　株式会社　68
徹底した品質とサービスを追求することで、働く自負と生きがいを与える土佐茶カフェ
NPO法人　ワークスみらい高知　72
病気の体験を力に変え、書く人も作る人も届ける人も読む人も幸せになれる本作りを目指す会社
株式会社　ラグーナ出版　76

第2章　なぜ社員が助け合うのか

社員と障がい者が〝夢〟を共有しながら、「感動を創る」アミューズメント会社
ドラゴンキューブ　株式会社　82
健康食品づくり――一枚の煎餅に感謝の気持ちを込めて　**株式会社　小松製菓**　86
家族のような愛情ひとすじ、障がい者雇用57年の学校体育着の専門メーカー　**株式会社　クラロン**　91
難病の役員に学び、障がいがあっても働きやすい職場をつくり、高度な作業に取り組む会社
株式会社　千代田技研　96

ひとりひとりの個性が輝いてこそ、時代に適した価値が創造される　**アニコム損害保険　株式会社**　100
働きたいという気持ちを応援し、誰でも働ける会社へと進化し続ける　**T－Y　株式会社**　104
地域に愛され、人に優しい企業の思想を受け継ぐ特例子会社　**さんしんハートフル　株式会社**　109
障がい者の〝無限の可能性〟を追求しながら、急ピッチで多店舗展開をすすめる野菜鮮魚専門店　**株式会社　八百鮮**　113
「世界最高を、お届けしたい」というメッセージのもと、障がいのある方も楽しめるテーマパークを目指して　**株式会社　ユー・エス・ジェイ**　117
人が集う大樹、楠になぞらえた理念、障がい者と共に泣き、笑う、ふりかけメーカー　**三島食品　株式会社**　123
障がい者とともに激しい生存競争を生き抜き今も大家族的経営を続けるリネンサプライの会社　**長崎基準寝具　有限会社**　128

第3章　なぜ職場がうまく回るのか

月額7万円の所得保障を目指し、障がい者も高齢者も、震災ですべてをなくした人も、ともにいつまでも働ける仕組みをつくる　**社会福祉法人　はらから福祉会**　134
大企業の本業に携わりながら、障がい者雇用の可能性を切り拓く職場　**ふぁみーゆツダコマ　株式会社**　139
一人ひとりの人間力を高め、一人ひとりの違いを活かすベンチャー企業　**株式会社　ゲットイット**　144

個性を活かし働ける職場を目指して　**第一生命チャレンジド　株式会社**　149
障がい者が安心して働き将来の夢を語れる食品製造会社　**株式会社　徳倉**　153
徹底した教育で社員自らの気づきと成長を促し仕事のスキルと人間性を同時に高めていく会社
日本ウエストン　株式会社　158
技能に応じステップアップできる作業環境をつくり出し、さらなる積極雇用を目指す自動車部品組立会社　**東和組立　株式会社**　163
合弁解消で売上80％減、危機を救ったのは画期的商品と従業員の理解　**株式会社　カン喜**　167
成功や失敗の「体験」から能力を引き出し、物づくり職人として成長させる、ちょうちんメーカー
株式会社　宇佐ランタン　172

第4章　なぜ障がい者が生き生きと働くのか

全国から工場見学の希望が殺到する、きものアフターケアの会社　**株式会社　きものブレイン**　178
障がい者雇用によって経営者自身が意識改革し、志で作り上げた人気レストラン
株式会社　アップルファーム　182
障がいのある人に寄り添い続けて、その夢をかなえた本格的フレンチレストラン
レストラン　アンシェーヌ藍　186
障がいがあっても夢を追える、十人十色の事業所を創りだす法人　**ＮＰＯ法人　多摩草むらの会**　191

思いやりとコミュニケーションで長期雇用を実現している会社　**有限会社　鈴屋リネンサプライ**　195
障がいのある娘から学んだ「当事者の視点」で、幅広く事業を展開する社会福祉法人　**社会福祉法人　アンサンブル会**　200
農業と福祉を融合したユニバーサル農園を目指す農業法人　**農業生産法人　京丸園株式会社**　205
富士山のふもとで家族的経営を貫き、人を大切にする精神で成長する会社　**有限会社　山梨製作所**　212
重度障がい者雇用を使命とし、年間見学者2000名を集める特例子会社　**サンアクアTOTO　株式会社**　217
自らも努力して更生の道を切り拓き、設立目的と経営理念を高度に具現化した会社　**株式会社　障がい者つくし更生会**　221
それぞれの能力を磨き、障がい者100%の会社をつくりたい　**有限会社　プラスアルファ**　225

第5章　なぜ地域に愛されるのか

震災を乗り越え、障がいがあっても働けるやさしい地域づくりを地元の市民、企業を巻き込んで取り組む会社　**株式会社　大場製作所**　232
障がい者雇用歴50年！我が子のように厳しく優しく育ててきた職場　**株式会社　大協製作所**　237
福祉的就労から一般就労へ、地域に密着した障がい者自立支援　**社会福祉法人　明清会**　241

障がい者の枠を超え、社会問題を解決しながら楽しい生活の場、仕事の場を創造していく
埼玉福興 株式会社 246
アフター5やコミュニケーションを大切にして、障がい者とともに成長するきのこ農場
株式会社 柿の木農場 251
戦争、震災を乗り越え、障がいのある子どもの就学のために私財を投じる会社
江守グループホールディングス 株式会社 257
「生活を支え、就労を支え、人生を支える」経営者の体験から生まれたその理念を実践する会社
和光産業 株式会社 261
社員としての誇りと、生きる喜びを育てる会社 **有限会社 トモニー** 266
障がい者に就労の場と生活の場を提供し、老後のケアにも取り組もうとする中小企業
有限会社 東西商店 270
助け合うという人間本来の姿で、すべてのスタッフを「作業者」から「職人」へ育てる洋菓子屋
株式会社 ゴローズ・プロダクツ 274
仕事を通して豊かな人間形成をめざし人間尊重経営を実践する清掃会社
有限会社 やんばるライフ 280
執筆者一覧 286

序章　なぜ障がい者雇用で会社が幸せになるのか

―5つの法則―

求められる障がい者雇用

２０１３年の厚生労働省の資料によれば、わが国には障がい者が約７４１万人います。わが国の人口が約1億2千７００万人ですので、複数の障がいのある人もいるとはいえ、おおむね人口比では6％になります。

７４1万人の障がい者を障がい区分で見ると、身体障がい者が３６６万人、知的障がい者が55万人、そして精神障がい者が３２０万人となっています。

障がいには、生まれつきのもの、その後、病気や事故で障がいを抱えた人、さらには社会生活を送る中で障がいを認識した人などさまざまです。でも一つ言えるのは、この世に障がい者で生まれたいと思っている人や、障がい者を産みたいなどと思う親は誰一人としていないということです。ある大学の医学部の先生は「障がい者の問題はわからないことが大半ですが、はっきりしているのは、障がい者が生まれなければ健常者は生まれないのです」と、話してくれました。そのことをいまだに忘れることができません。

こうした思いから、私は講義や講演の折、よく「障がい者や高齢者の幸せを念じない人々は、自分や自分の家族は障がい者にも高齢者にもならないと言っているようなものではないでしょうか」と問いかけています。

障がい者の多くは、社会参加、とりわけ「働きたい」という思いをもっています。仕事をするということがどんなに大変なこととわかっていても、それでも多くの障がい者は働きたいというのです。健常者の中には、施設や自宅にひっそりと暮らしていた方が……と思う人がいるかもしれませんが、そうでは決してないのです。

その答えは、『日本でいちばん大切にしたい会社』の本の中で紹介させていただいた「日本理化学工業」の大山会長の質問に対する禅寺の和尚の言葉にすべてがあると思います。「日本理化学工業」は障がい者雇用の先進企業であり、モデル企業としても評価の高い企業です。

大山さんは和尚に質問します。「なぜこの子たちは、雨の日も風の日も、バスを何回も乗り降りしながら、大変な仕事をしに会社に来るのでしょうか？　自宅でテレビでも見ながら、のんびりしていた方が楽であろうに……」

和尚は、「大山さん、それは当然でしょう。人間が幸せを感じることは４つあります。１つ目は人に必要とされること、２つ目は人の役に立つこと、３つ目は人に褒められること、そして４つ目は人に愛されることです。この４つの幸せの中で、人に愛されること以外は働かなければ得ることのできない幸せです。一生懸命生き、働かなければ人に愛されることもないので、幸せを得る方法は唯一、働くことなのです。障がいのある方々が、どんなに大変でも、どんなにつらくても働きたいと思うのは当然なのです。何もせずのんびりと自宅や施設で暮らしていても幸せにはなれないのです」と話されました。

私もこの言葉の意味がよくわかります。私たち研究室のメンバーが支援している企業の一つに、「ダイアログ・イン・ザ・ダーク・ジャパン」というNPO法人が東京にあります。理事長である金井さんたちが、視覚障がい者の働く喜びづくりのために立ち上げた企業です。

主たる事業は、暗闇を体験する施設の運営や、タオルの開発・販売などです。私も都内外苑近くにあるこの施設を訪問し、暗闇を何回も体験したことがあります。白杖を渡され約90分間、グループメンバー数名と施設内を視覚障がい者のアテンドで歩きましたが、その間ずっと、ほんとうに1ミリ先も見えない真っ暗闇でした。アテンド役の視覚障がい者が声をかけ、手を差し伸べてくれなかったならば、私一人では到底、あの暗闇から生還することはできなかったに違いありません。

体験が終了し、金井理事長の配慮で視覚障がい者である女性スタッフと話をする機会がありました。この女性は生まれながらに全盲で、約1年前にこの職場で働くようになったそうです。私が「仕事はどうですか」と質問すると、その女性は「仕事は大変なこと、つらいこともいっぱいあるけど、今は幸せです。この職場で働けるようになってから正直、私の人生は変わりました。それまでの私の人生は、毎日毎日、健常者の方々にお礼を言い続ける人生でした。お礼を言い続ける人生の中で、生まれてよかったとか、生きていてよかったと考えたことは一度もありませんでした。

そればかりか、何回死にたいと思ったかわかりません。でもここで働けるようになって幸せになりました。それは健常者や障がい者の方々から毎日お礼を言われるからです。お礼を言われるってことが、こんなにも素敵なこと、心ふるわせることとは、ここで働くまではわかりませんでした。今は、生まれてよかった、生きていてよかったと思っています」と素敵な笑顔で話してくれました。

お礼を言い、席を立とうとすると、その女性は私に「先生、この職場がこれからもずっと続くように応援してください」と言ったのです。

また先般、障がい者雇用に熱心な徳島県の企業を訪問しました。障がい者雇用に取り組むきっかけを聞くと「これです」と言って、子どもの書いた作文を見せてくれました。

その作文は「私の願い」というタイトルでした。内容は「もしも神様が一日だけでもいい、私の手を自由に動かせるプレゼントをしてくれたならば、私は三つのことをしたいです。一つ目はお母さんの肩をいっぱい揉んであげたい、二つ目はお父さんのいる仏壇に両手を合わせお祈りをしたい、そして三つ目はお母さんと一緒に真ん丸なおむすびをつくり、お母さんと一緒にピクニックに行きたい。だからどうか神様、私の手を一日だけでいい、自由に動かせるようにしてください」と書いてありました。生まれながらの脳障がいで両手を合わせることすら困難な生活を送っている少女が書いた作文だそうです。

視覚障がいのある女性の話といい、この少女の書いた作文といい、私は涙を禁ずることができませんでした。

私や研究室の仲間たちが、なぜこれほどまでに障がい者のことを考え、行動をしているかという意味が、実はこうした現場体験にあるのです。

しかしながら、わが国における障がい者雇用は、いまだきわめて不十分というのが偽らざる実態です。事実、わが国に住む障がい者、約７４１万人のうち一般企業に就職している人々は、わずか38万人に過ぎないのです。もちろん７４１万人の全てが就労可能者ではありませんが、それにしても、わずか5％というのはあまりに低すぎると思います。

周知のように、障がい者雇用を促進支援するため「障害者雇用促進法」という法律があり、その法律の中で、障がい者の法定雇用率が定められています。２０１３年4月の改正では、民間企業は２・０％、国・地方公共団体は２・３％、そして都道府県教育委員会は２・２％となりました。しかしながら現実はというと、民間企業は依然１・７％前後と低く、また法定雇用率を順守していない企業は57・３％で、過半数に上ります。

今日、経済社会のボーダレス化、グローバル化の進行の中で、一般労働市場における雇用の縮小や雇用の場不足が大きな社会問題となっていますが、この原因は障がい者の雇用問題とは異なり、健常者である求職者の甘えがはるかに大きいと、私は思っています。

というのは、有効求人件数に対する就職件数、つまり企業の側からみた「充足率」は、わずか25％前後であるからです。もっとはっきりと言えば、せっかく求人があっても、その求人に対応している人が4人に1人しかいないのです。

こうした実態からみれば、明らかに健常者の場合、雇用の場が不足しているのではありません。雇用の場が十分あるにもかかわらずその求人に対応できないという、いわゆる「雇用のミスマッチ」が起きているだけなのです。

一方、障がい者雇用の実態はというと、そんな甘えは一切ありません。好不況にかかわらず、その有効求人倍率が1・0を上回ったことがないばかりか、0・2倍を上回ったことすらないのです。しかも健常者のように、仕事の内容や賃金、あるいは雇用形態などといった就業条件でのミスマッチはほとんどないのです。

つまり、障がい者においては、絶対的、決定的に雇用の場が不足しているのです。めでたく特別支援学校高等部などを卒業しても、一般企業に就職できる人は25％程度しかないのです。そして多くの障がい者は、働く意欲や働く能力があるにもかかわらず、人生の大半を施設や自宅で暮らすことになります。

こうした実態を放置できないと、私は機会があれば関係機関に問題提起をするとともに、全国各地の団体から依頼されて講演などに行った折、必ず「もしも自分の家族や親せきに障がい者がいたら、あなたはどうしますか？」と問うています。

先日もある講演会で障がい者雇用の重要性について話をしましたら、終了後、名刺交換に来てくれた経営者が「私は逃げていました。これからは娘と娘の友達のために、この子たちが働ける職場をつくります」と、目頭を熱くして話されました。話をうかがうと、娘さんは生まれながらに障がいがあるとのことでした。

ところで障がい者の就労の問題は、そうした就労の場が絶対的に少ないといった問題だけではありません。賃金の面でも大きな問題があります。

厚生労働省の資料から、作業所で就労する障がい者の賃金（資料では工賃といっています）は、就労継続支援A型で約7万2000円、B型では約1万4000円です。平均労働時間は月間で約130時間となっているので、時間給ではB型の場合、約100円ということになります。わが国の一般企業の賃金が、男女平均して約30万円であることをみても、生産性の問題などがあるとはいえ、障がい者の賃金は極めて低いと言わざるを得ません。

障がい者雇用が、なかなか進まない最大の理由は、多くの企業がこれらの問題に対し見て見ぬふりをし、正面から雇用の拡大に取り組もうとする意識と意欲が不足しているからではないでしょうか。

とくに低すぎる賃金の問題は、障がい者の生産性の問題とは別に、障がい者一人一人の個性を生かす、伸ばすといった経営努力がいまだ多くの企業において欠けているためだと思えてなりません。

職場環境や工程を障がい者に合わせるのではなく、企業の都合に障がい者を合わせ、時間をかけ、育てるという心優しい経営が十分行われていない結果が、こうした現状を生んでしまっているのです。

私たちがこうした指摘をしても、多くの企業は「それはそうだが、現実は難しい……」などと言って、この問題から逃げてしまいます。しかし多くの現場を見ている私たちに言わせれば、障がい者の雇用の増大と賃金の改善は、決して不可能なことではないと確信しています。

事実、本書でも紹介し、また私が昨年執筆した『日本でいちばん大切にしたい会社4』でも書かせていただいた「障がい者つくし更生会」（福岡県）という株式会社は、社員約40名のうち、障がい者が80％を占めています。しかもその過半数は重度障がい者なのです。

さらにその障がい区分をみると、身体・知的・精神の全ての障がい者がいるのです。加えて言うと、障がい者のほぼ全員が正社員という驚くべき会社なのです。もっと驚かされるのは、同社の賃金で、障がいのある社員といえども、全国の健常者社員のそれに勝るとも劣らないのです。

私は同社にすでに5回ほど訪問していますが、障がい者のあまりに高い生産性と、訪問するたびに成長している姿にいつも驚かされます。障がい者は、できないのではなく、私たちがやらせない、それができるまで支援をし続けないだけなのです。

障がい者雇用に取り組む企業の特長

本書で取り上げた企業をはじめ、障がい者雇用に熱心に取り組んでいる全国各地の多くの企業を訪問調査してきました。規模的には社員数が10名以下の中小企業から、社員数が数万人という大企業にもいきました。また業種・業態も、農業から製造業、建設業、流通業、外食産業、運輸業、そしてサービス業などすべての産業に行きました。その結論は、障がい者雇用に、企業規模や業種・業態の限界はまったくなかったということです。

逆に、障がい者雇用に熱心に取り組んでいる企業を多数訪問調査してわかったことですが、こうした企業には、そうではない企業とは真逆の共通した特長がみられることです。その特長は、規模や業種・業態といった現象的特徴ではありません。あえて言えば、企業の経営の考え方、進め方といった本質的特長といっても過言ではありません。

その共通的・本質的特長をわかりやすく説明すると、次の5点になります。

① 人本経営の実践

障がい者雇用に熱心に取り組んでいる企業の第1の特長は、経営トップが「企業にかかわるすべての人々の幸せを追求、実現する」という企業経営の最大の使命と責任を理解認識し、好不況にぶれず経営にあたっているという点です。そして、とりわけ障がい者に対する関心と思いが強いという点です。

しかも単に関心や思いが強いというのではなく、その実現に向けての正しいリーダーシップを自身の背中と心で発揮している点です。つまり、経営トップの障がい者雇用に対する本気度が、そうではない経営トップとはまるで違うのです。

よく「かわいそうだから」といった同情からや、「法律があるから」とか「雇用したほうが何かと都合が良いから」といった不純な動機から取り組む企業がありますが、こうした感情的雇用やデモシカ雇用では、企業の真の社会的使命である働く喜びと幸せの実現は到底不可能と思います。

私たちは、企業の障がい者雇用の取り組み姿勢を確かめるため、職場環境や雇用数や雇用率は当然ですが、その経年変化や障がい者の勤続年数、定着率、さらには定年退職後への準備のレベルまで詳細に調べることにしています。これらを調べれば企業、とりわけ経営トップの障がい者雇用に関する考え方や本気度はすぐわかるからです。

②　心優しい社員

障がい者雇用に熱心に取り組んでいる企業の第2の特長は、単に経営者が障がい者雇用に関する理解と関心が強いだけではなく、部課長をはじめ一般社員に至るまで全社員の意識と関心が高いことです。しかもそれが自然体で行われているのです。

こうしたことは、障がい者雇用の定着や拡大にとって極めて重要な要素です。いかに経営トップが障がい者雇用の重要性や必要性を全社員に熱く訴えたとしても、当の社員が頭ではなく、体でそのことを十分理解認識しなければ、企業の障がい者雇用はなかなか進まないからです。その理由は簡単です。障がい者と日常的に一緒に仕事をするのは経営トップではなく社員だからです。

その意味で、障がい者雇用の重要性、必要性を理解認識した経営トップが、まず意識してやるべきことは、職場のハード整備などではなく、経営トップの熱き思いに共感・共鳴し行動を起こしてくれる心優しい社員の確保と育成だといえます。

まず採用においては、企業人として最も大切な「徳」のある人、「徳」の高い人を意識して採用することです。徳のある人とはいうまでもなく、利他の心の強い人、社会的弱者への思いの強い人のことです。才は高いが徳がいかがかという人よりは、才はいまひとつだが、徳が高い人を意識的に採用すべきです。心配することはありません。徳の高い人とは他人の幸せを第一に考えることのできる人ですから、必ずやその徳を実践するために己れの才を高めようと頑張ってくれるからです。

次に心優しい社員の育成のためには、日ごろからボランティア活動や仕事を通じ、障がい者の現実を自分の目と足で知るような情報提供や教育が効果的と思います。というのは、障がい者の現実を知れば知るほど、どんな社員もやがて必ず心優しい社員になってくれるからです。

③　段階的に取り組んでいる

第3の特長は、時間をかけ、段階的、計画的に障がい者雇用に取り組んでいるという点です。社会が強く求めているからとか、バスに乗り遅れるなといった長期的スタンスのない無計画な取り組みでは、障がい者雇用はうまくいくはずがありません。

障がい者雇用先進企業は、上述した①の人本経営、②の心優しい社員の確保、育成を踏まえたうえで、ゆっくり着実に障がい者雇用に取り組んでいるのです。具体的には企業内をバリアフリーにしたり、そのための社員教育を充実したり、特別支援学校や施設を訪問調査しハード・ソフトのインフラ整備に注力したりといったようなことです。

さらに言えば、特別支援学校を3月に卒業した障がい者をいきなり4月から正社員として雇用するのではなく、最初はインターンシップ（研修生）として就労訓練してもらい、障がい者と企業の双方の相性の見極めをして雇用する企業が多いのです。未経験の新卒者ではなく、就労移行支援施設などから経験者を雇用したりもします。最初から重度の障がい者を雇用するというより、まずは軽度の障がい者を雇用し、段階的に重度の人を雇用していくというパターンも多くみられます。

こうした段階的雇用は決して間違ってはいません。そればかりか、雇用しようとする企業にとっても障がい者にとっても良いことだと思います。というのは、こうした段階的な取り組みを通じて企業内の障がい者に対する意識も醸成されていくし、いちばん大切な障がい者も過度に緊張することなく自身の適性を判断できるからです。

④ 障がい者に合わせる

第4の特長は、企業の都合ではなく障がい者を活かすため、トコトン障がい者の都合に合わせた経営を実践している点です。

具体的には障がい者の特性に合わせて工程を分割し、作業の流し方を変え、さらには障がい者が作業しやすい設備や治工具を創っていることです。また障がい者の適性を見抜き適材適所の配員をしています。「障がい者にやっていただけそうな仕事がない」と言う企業は、こうした思いやりが決定的に不足していると言っても過言ではありません。

数年前の話になりますが、ある上場企業の社長からお手紙をいただきました。内容は「障がい者雇用の必要性は十分感じ、そのための努力をしています。しかしながら、わが社は障がい者ができるような仕事はほとんどありません。それでもあえて雇用した障がい者も過去にいましたが、なかなか定着してくれませんでした。当社の障がい者雇用率が低いのは、決して逃げているわけではありません」といった内容でした。

気になったので、数カ月後この企業を訪問しました。企業内を見た後、私は社長に言いました。「くまなく見させていただきました。確かに障がい者の仕事は限られていることはわかりましたが、でも○○と○○の作業は、工程を分割すれば障がい者でも十分可能と思います。もしそれでも困難というならば、障がい者に見合った新しい仕事をあえてつくるべきです。それが企業の、とりわけ上場企業である御社の使命と責任ですよ」と。

この話には後日談があります。数日後に社長さんからいただいたお手紙に、「社長になって初めて真正面から叱られました。子どもの頃親父に叱られた時以来でした。おっしゃるとおり障がい者雇用を真剣に考えていませんでした。これから取り組みます。本当にありがとうございました」とあったのです。

⑤ 関係機関や地域との密接な連携

第5の特長は、自分が自分がではなく、地域の関係機関と密接な連携を取りながら障がい者雇用に取り組んでいる点です。ここでいう関係機関とは、障がい者の保護者や特別支援学校、ハローワーク、自治体の障がい者支援担当部局、さらには病院の医師や精神保健福祉士などのことです。

こうした連携は当然のことと思います。障がい者とはいえ、全くといっていいほど手がかからない人もいますが、多くの場合は、程度の差こそあれ、本人はもとより関係者にも精神面はおよび物質的な面での日常的な支援が必要だからです。

こうした支援は障がいの程度が重度であればあるほど、なおさら重要であると思います。自社だけで問題解決を図ろうなどと考えるべきではないと思います。餅は餅屋ですから遠慮することはない、これら機関や人々とは常に積極的に情報交換等をし、会社の実態を知っていただくとともに、問題の共有化を図っておくべきなのです。

そして障がい者雇用に熱心に取り組んでいる企業のもう一つの特長は、関係機関だけではなく地域に住む、あるいは地域出身の住民との関係性を重視した、地域住民に優しい経営を行っている点です。

つまり、企業にとって都合のいい人を雇用するのではなく、地域にかかわりのある障がい者雇用にこそ力を入れている点です。だからこそ、本書に取り上げさせていただいた大半の企業がそうですが、地域に温かく受け入れられ、高い評価を受けているのです。

それでは次章より、私たちの研究室がこれまで訪問させていただいた全国100社以上の障がい者雇用先進企業の中から、地域や業種・業態を考え選定した52社の事例を紹介します。

これらの企業の存在とその熱き思いが、今後、障がい者雇用に取り組もうと思ってくれる企業や、現在取り組んではいるものの、さらに雇用を増やそうと考える企業の増加につながれば幸いです。（坂本光司）

第1章　なぜ経営者の志が輝くのか

両腕を失っても、口にペンをくわえ、障がい者のためにクリーニング業を始めた男の物語

社会福祉法人　北海道光生舎

品質と価格で真っ向勝負

障がい者雇用に関する社会の関心が低かった昭和の時代、北海道赤平市を中心に、障がい者雇用にその生涯を捧げた一人の経営者がいました。北海道光生舎の創業者、髙江常男さんです。自身重度障がい者として職を得ることの難しさを身に沁みて知る髙江さんは、戦後、地元の障がい者のため就職斡旋に奔走しますが、思うように事が運びません。思案の末、クリーニング業の開業に踏み切ります。1956年のことでした。

クリーニングを選んだ理由は、まず、機械化により、障がい者を雇っても生産性を上げることができると考えたこと。次に、クリーニングには複数の工程があり、片手のない人は片手でできる仕事、足の悪い人は座ったままでできる仕事というように、作業の細分化ができること。そして最後に将来性でした。高度経済成長の時代、日本人は豊かになり、必ずもっと服を着るようになる。クリーニング業は絶対伸びると考えたのです。

通常の営業方法では勝てないため、一軒一軒訪問してクリーニングの注文をもらう外交方式をとりました。そのかいあって仕事は順調に入ってきたのですが、運転資金不足に「血へどを吐く」ほど悩まされます。そして約2年が経過した頃、髙江さんは、身体障がい者の授産施設の認可が下りると補助金が出る制度の存在を知ります。持ち前の根性で認可取得までこぎつけ、ようやく資金的にも一息つきます。このとき認可を得た施設が現在の北海道光生舎です。

その後10年ほど経ち、ある程度会社の規模が大きくなった頃、業界の反対運動に遭います。競合のクリーニング会社から反授産運動が起こったのです。結果、営業部門を株式会社、工場部門を授産施設に分離することを余儀なくされます。このとき、髙江さんは「授産施設からの営業の分離は、授産施設から営業権を奪うということ。光生舎はいいが、将来他の授産施設の発展に禍根を残す」と反対したのですが、結局、道の課長に説得され、この案をのむことにしました。しかし、災いを転じて福となす。営業部門が別会社になったことで、札幌や他の地域への進出が容易になり、会社は大きく躍進しました。

ただし会社が伸びる過程で、「障がい者施設のクリーニング」を売り物にして営業に行ったことは一度もなく、品質と価格で正々堂々と勝負しているのです。

口にペンをくわえて

髙江さんは10歳の頃から片目が義眼でしたが、17歳のとき、事故で両腕を失います。

1944年、彼は高い鉄塔で電線を張る作業をしていました。そのとき、本来電気が流れていないはずの電線に3000ボルトの電気が流れていたのです。それを両手で掴んだ瞬間、高江さんは意識不明に陥ります。奇跡的に一命は取り留めましたが、両腕を切断することになったのです。

両手のなくなった人間が、戦後、どうやって生きていったらいいのか……。普通の仕事はできません。そこで、詩や小説等を書いて生きていくことを考え、口にペンをくわえて字を書く練習を始めました。彼は尋常小学校しか出ていませんでしたが、百科事典などで勉強して、作家として生きていこうと考えたのです。医者や占い師から、せいぜい生きても10年だと言われたため、睡眠を1日4時間に削り、口で字を書く練習をし、本を読み、詩を書いたのです。

当時は炭鉱が全盛の頃で、地元の赤平で炭鉱仲間と共に詩集などを出していました。幸いにもその中に地方紙(空知タイムス)の編集長がいて、新聞記者として職を得ることができました。障がいにより仕事ができなかった者が職を得る喜びと、人として仕事をすることの重要さを味わった瞬間でした。その後編集長になり、赤平の町を、記事を書きながら歩くことになります。

町には炭鉱事故で怪我をした障がい者がたくさんいました。彼らに何とか就職を斡旋しようと思いますが、雇ってくれる所はどこにもありません。「両手のない自分は仕事を見つけてようやくメシが食えるようになった。今度はこの障がい者の人たちの仕事を見つけたい。それがかなわないなら自分たちで仕事をやるしかない」と、創業を決意したのです。

「自分はどうなってもいい」

十数名の障がい者が集まりましたが、創業しようにも全く資金がありません。高江さんは銀行などへ資金調達に奔走しますが、どこも相手にしてくれません。ようやく労働金庫の赤平支店長が話を聞いてくれました。集まった障がい者たちも以前は炭鉱の組合員だったということで、札幌本店で融資審査を受けることになります。高江さんは、審査に落ちたら札幌の高架線から身を投げようと決意し、札幌に行きました。

「お金が借りられなかったら死ぬ気だった。だから命がけで話をした。初めはこの人間に金を貸しても大丈夫かという目で見ていた銀行員も俺の気迫におされ、目を白黒させながら聞いていた。そして融資をしてくれることになった」。融資が決まったその足で、高江さんは後の伴侶となる美穂子さんに会いに行ったようです。そして、美穂子さんが結婚を決めたのは、この時の「常男の目がすごく輝いていた」からだそうです。結婚して両手のない常男さんの面倒を一生みようと思ったといいます。

決死の覚悟で創業したあとも、資金繰りでは右往左往します。その後、授産施設の認可がおり新しい施設が建ちましたが、高江さんは古い家屋に住み続けました。会社を興してからもそこからは給料を受け取らず、仕事が終わった後に新聞記事を書き、株式会社ができるまで原稿料で生活していました。

彼が育て上げたこの施設は、障がい者を終身雇用します。死ぬまで面倒をみるのです。しかし、それは社員を甘やかすことを意味しません。逆です。髙江さんはどんなに若い社員でもお構いなしに厳しく叱りつけ、教育し、仕事を叩き込みます。その姿は、まさに「真剣」そのもの。会社を守る、障がい者の雇用を守ることに命を懸けたのです。

「自分はどうなってもいい」――それが彼の哲学でした。本当に自分を捨ててやっている者にしか口にできない言葉でしょう。

今もし死んでも悔いはない、と言い切れるほどに働くこと

2007年7月、障がい者雇用に全身全霊を注ぎ込んだ髙江さんの人生は幕を閉じました。しかし、彼亡き後も、北海道光生舎にはその敢闘精神が綿々と受け継がれています。その証でもある「努力敢闘」という舎是は、光生舎で働く者に「君は、今もし死んでも悔いはないと思えるまで、今日一日努力敢闘したと言い切れるか」と問い掛けます。

そして「誠心誠意」という舎是のもとに、お客様のために悔いのないように正直に働く。これが日々実践されているのです。クリーニングの事業体として北海道で1、2位を争う規模の会社にまで成長し、今なお伸び続ける理由が、そこにあると言えるでしょう。（染川憲一）

「社会福祉に貢献する集団を作る」情熱が受け継がれる、日本最大のはんこ屋チェーン

株式会社　大谷

正社員の障がい者比率34・7％

新潟駅から車で15分ほどに位置する亀田工業団地の一角に、大谷という日本最大の〝はんこ屋〟があります。創業は１９５１年。現社長の祖母にあたる大谷キミさんが開業、２代目は大谷勝彦さん、そして現３代目社長が勝彦さんの娘の尚子さんです。勝彦さんは１９６６年に３・５坪の店舗からスタートし、今や全国に１４０店舗を持つまでに成長させました。

同社には正社員が49名、非正規社員５６３名が在籍していますが、そのうち正社員の17名、非正規社員の３名が障がい者です。正社員に占める障がい者比率はなんと34・7％になります。障がい者の雇用はこれまで身体障がい者を中心に採用していましたが、最近増員した２名については精神障がい者であり、今後さらにこの傾向にシフトする方針です。

１９７９年に身体障がい者雇用優良企業として労働大臣賞を受賞したのを皮切りに、障がい者雇用の貢献でほかにも多くの表彰を受けています。

難病からの奇跡的な復帰

大谷が障がい者雇用に取り組む理由は、大きく2つあります。

1つは、もともとこの業界は障がい者が自立して一人でやっているケースも多かったので、特別な違和感がなかったということです。座ってやれる印章の仕事は、昔から障がい者に馴染みやすい仕事で、現に勝彦さんが修業した岩手のはんこ屋の経営者も、下肢が不自由な障がい者でした。

もう1つの理由は、勝彦さんが1970年に「好酸球性肉芽腫」という難病を患ったことでした。何百万人に一人という難病から奇跡的に復帰しましたが、その時思ったのは「この命は天から授かったものだ」ということでした。そして社会へ恩返しすることを真剣に考えました。その結論が、障がい者雇用にこれまで以上に積極的に取り組むことでした。

これが大谷が経営理念として掲げている「社会福祉に貢献する集団を作る」夢へのスタートだったのです。

勝彦さんは、障がいのある子どもを持つ親との面談の際に、「自分たちが亡くなった後のことが心配で仕方ありません。社長さん、子どものことをよろしくお願いします」とよく頼まれました。こうした心底からのお願いに心を揺さぶられた勝彦さんは「一生面倒をみます」と約束し、障がい者雇用への決意を新たにしたのでした。

約束を貫いた父と子のエピソード

勝彦さんは最近退職した腕利き職人Aさんのことを、感慨深く話してくれました。Aさんはここ数年毎朝タクシーで通勤、帰宅時は近くに住む社員が交代で送っていました。実は入社する際、Aさんの家がかなり遠かったため、ご家族と本人の負担を考え、ほかに就職先を探されたらどうでしょうか、とアドバイスしていました。しかしAさんの父親からは「私が送り迎えしますから、息子の希望をなんとか実現させてやってください」と懇願されました。

勝彦さんは一旦は断りましたが、「ずっと送り迎えします。約束します」という熱心さに根負けし、採用を決めました。Aさんが入社してから30年間、父親は1日も欠かさず車で送り迎えをしました。一時期、新潟から1時間ほど離れた三条市に転勤になったことがありましたが、その時も送り迎えの約束を果たしました。

その父親が亡くなった際にAさんが言ったことは、「父は転勤にも動ぜず、また栄転話にも目をつむり、自分のために尽くしてくれた。自分は父にずっと甘えていたとつくづく思った。今は本当に感謝の気持ちでいっぱいです」。

Aさんは、父親に続いて、母親も最近亡くなってしまったため、やむなく千葉の長兄のところへ引っ越して行かれたそうです。勝彦さんは「彼は本当にはんこ作りが好きで明るい人間だった」と実に残念そうに、寂しそうに語っておられました。

訓練と雇用をさらに増やす夢

勝彦さんは、新たな夢の実現に向けてスタートを切っています。その夢の具体的なプランとは、社会福祉法人を立ち上げ、障がい者の訓練施設を設立することです。そのために勝彦さんは退職金全額を寄付し、廃校を一つ譲り受ける予定です。そこには、自立を果たした障がい者が働くための施設を併設する計画になっています。

勝彦さんは「現在、社会福祉法人では月平均1万5000円程度といわれる障がい者の報酬を、納税者並みにしてもなお経営が可能なことを、世間に知ってもらう必要がある」と強調されます。この勝彦さんの情熱・思いを受け継ぐのが、3代目尚子社長です。

「弊社では障がい者、健常者の区別や差別がなく、みんなが仲良く仕事をしています。障がい者の多くは健常者と遜色なく仕事をし、なかにはそれ以上の高い能力を発揮する社員もいます。木口部門の検品をしているBさんは知的障がいですが、読みづらい印相体を識別し、素早く、数多くの検品をこなしています。一方ろうあの社員は、手話や話す口元を見て仕事ができます。文字入力がとても速く優秀です」と尚子社長は語ります。

そして「私の夢は、デパートの売り場のレジ係や銀行の窓口に、障がい者が何の違和感なしに働いている姿を見ること」だそうです。そんな話をうかがうにつけ、大谷の将来に障がい者雇用がますます増えることが期待できると感じます。（望月伸保）

本格的ワインづくりの夢を実現し、秋の「収穫祭」に1万5千人が訪れる農場

有限会社 ココ・ファーム・ワイナリー

自分たちで開墾してつくった農場

栃木県にあるココ・ファーム・ワイナリーは、隣接する指定障害者支援施設「こころみ学園」から原材料のぶどうを仕入れ、ワインなどに加工して販売しています。同社のワインは、九州・沖縄サミット（２０００年開催）の晩餐会で乾杯に用いられ、その名を馳せました。そのほかにも、輸入食材の販売、ファーム内でのカフェやショップの経営などを行っています。

ココ・ファームは１９５８年、足利市立第３中学校で特殊学級の担任をしていた川田昇先生が、特殊学級の子どもたちと一緒に2年がかりで３ヘクタールの急斜面を開墾したのが始まりです。その10年後、先生以下9人の職員が、手づくりのバラックで寝起きしながら、補助金を一切受けずに自分たちの手で施設づくりに着手。こうして１９６９年に設立されたのが、社会福祉法人こころみる会運営の「こころみ学園」です。

設立のねらいは、山の斜面を使った機能訓練や質素な生活を通した情緒訓練、そしてぶどう

栽培、椎茸栽培、植林、除伐、間伐、下草刈りなどの作業を通じて、知的障がい者が助け合い、地域になくてはならない施設をつくることでした。

こころみ学園には現在、134名の障がい者と108名の職員が生活しています。基本的に、独身の職員は住み込みなのです。「みんな家族だから。家族が通うのはおかしい」という、創始者川田さんの考えに基づいています。「一緒に過ごすから個性がわかる」「一緒に過ごすから理解し合える」と、みんなが思っているのです。

障がい者の仕事を作る

「この生徒たちが、イキイキと働いて生きていける場所をつくりたい」——特殊学級の担任をしていた川田さんの思い。その思いからすべてはスタートしました。

「自分たちでやれることは自分たちでやろう」と、補助金などに頼らずに自立することを目標に、自分たちの農地をつくることから始めます。最初は河川敷で野菜を作り始めたのですが、河川敷は大雨が降ると流されてしまいます。そこで1958年、足利市田島町の山林を開墾し、ぶどうの植え付けを行うことになりました。

ぶどう畑は、知的障がいのある彼らにとって、体を動かす訓練の場所でもあります。「やってもやってもやりつくせない作業を用意することは、園生にとってはとてもいい訓練になる」と、川田さんは考えたのです。一年中、たくさんの作業があることで、彼らはイキイキしていきました。

サミットで「カンパイ！」

農場経営というのは、くだものだけではどうしても収穫に左右されてしまいます。そこで考えられたのがワイン造りでした。１９８０年、こころみ学園の考え方に賛同する保護者たちの出資により、有限会社ココ・ファーム・ワイナリーを設立。１９８４年、醸造の許可を得てワイン造りを始め、その年３０００本のワインを出荷しました。

こころみ学園の園生たちは、虫を避けるためにぶどうに笠をかけたり、カラスを追い払うためにぶどう畑の見回りをしたりします。収穫やビン詰めもします。障がいが比較的軽い園生たちは、ぶどうの果粒とじくを切りはなす機械の操作もやります。

１９８９年にはワイン用のぶどう畑２ヘクタールを佐野市に開墾し、カリフォルニアのソノマにも５ヘクタールを確保しました。また同年、質の高いワイン造りをめざし、カリフォルニアのナパバレーの「ワイン造りの問題解決屋」ブルース・ガットラブさんを６カ月間の約束で招聘しました。

足利に来たガットラブさんは、まず、土地・気候など日本のワイン造りの難しさに直面します。これは到底６カ月で解決できる類の問題ではありませんでした。それどころか、今もなお続く挑戦の始まりに過ぎなかったのです。

川田さんのマインドを受け継いだワイン造りとは、まずこころみ学園の園生やスタッフとの山林の開墾、ぶどうの栽培であり、次にワイン醸造であるといえましょう。そしてみんなで、ワイン造りの困難に対する問題解決策を見いだしていったのです。その結果、1992年、リースリングリオン種のぶどうを使った本格的なスパークリング・ワインを造りだし、それをNOVOと名づけました。その後、甘口のデザートワインであるヴィン・サントなど、すばらしいワインを次々に造りだしていったのです。

そして迎えた2000年、同社のワインは九州・沖縄サミットの晩餐会で乾杯に用いられたことで一躍有名になり、2008年の北海道洞爺湖サミットでも、総理夫人主催の夕食会で提供されることになりました。

知的障がい者の自立と地域の活性化

ココ・ファーム内のカフェやショップ、そこには働く障がい者の姿はありません。そのため、そこを訪れるだけでは、障がい者がワインの製造やぶどうの栽培に携わっていることがわかりません。農場の中を見学して、障がい者とわかる人がたくさん働いているのを見て初めて、「なぜ?」と驚く人も多いのです。

あえて障がい者が造っていることを声高に言わないのは「本当に、ココ・ファーム・ワイナリーのワインを気に入って買ってもらいたい」からです。品質で勝負し、受け入れてもらえなければ、どの道長くは続きません。現在、ココ・ファームは1年間に16万本のワインを生産し、インターネットのオンラインショップでの購入も可能になっています。

また、ココ・ファーム・ワイナリーのワインを知ってもらうためのイベントなども開催されています。その一つが、秋に開催される「収穫祭」です。すでに30回を迎えたこのイベントに、今では毎年1万5千人を超える人が訪れます。このように、ココ・ファーム・ワイナリーは、知的障がい者の自立とコミュニティビジネスとをきちんと結びつけて今日に至っています。ココ・ファーム・ワイナリーという会社は、障害者を雇用しているのではありません。障がい者がイキイキと暮らすために、ココ・ファーム・ワイナリーがあるのです。

大切にしているのは、障がい者の仕事をつくることです。洗濯でもいい、ぶどうの樹を用いた飾り作りでもいい。仕事を通して誇りを持ってもらう。「100人いれば、100人それぞれ違います。活かせる能力も違えば、活かし方も違う。それを知ることが大切です」「大切なのは、自分が役に立っていると感じられることです」――創始者川田昇さんの「思い」です。(大谷由里子)

障がいと闘う自分のため、仲間のために、働く場を創り、就労を支援する

株式会社 ウェルテクノス

「世の中を変えたい」

岐阜県にある株式会社ウェルテクノスの服部義典社長は、先天性の身体障害者手帳1種1級を持っている重度障がい者です。先天性の単心室、肺動脈狭窄症、心不全で不整脈があり、「右胸心」すなわち心臓が体の右側にある内蔵逆位の状態です。そればかりか全部の内蔵が左右逆になっている全内蔵逆位でチアノーゼ腎症の症状があり在宅酸素療法が必要です。そして心不全は年々進行しています。

そんな大変な中でも大学までスムーズに進級ができた服部さんは、就職活動を始めた当時は就職も難なくできると思っていました。しかし現実は厳しく、障がいのことを伝えると面接すら受けさせてもらえないこともありました。

何社も足を運びました。しかし全て断られ、つらい日々が続きました。同じような内部障がいのある仲間も就職先が見つかりません。そんななか服部さんはようやく一社、就職先を

見つけることができました。電気機器を開発する会社です。

仕事は残業もあり多忙な毎日でしたが、働けることが楽しく、休日は様々な福祉のボランティア活動などにも従事しました。しかし同じ内部障がいのある仲間は、一向に仕事につけないでいました。仕事をしたくても就職先が見つからない人ばかりだったのです。

服部さんは、「自分のような重度障がい者も含め、障がいのある人が働くことを支援するような会社をつくりたい」「世の中を変えたい」という切実な思いを強く抱きました。これがウェルテクノスの始まりです。ウェルテクノスは、welfare= 福祉と、vertex= 頂点と、technology= 科学技術からなる造語で、技術を生かして福祉の頂点を目指す、という意味を表しています。

服部さんは創業してから10年というもの、リフレッシュする暇もなく、勉強と仕事を両立させています。

障がい者の仕事を幅広く支援して

ウェルテクノスの創業は２００３年10月１日。現在の事業所は大垣駅、岐阜駅からそれぞれ車で15分くらいの所にあります。ここでは身体・知的・精神（発達障がいを含む）の障がいのある人と難病の人が、就職を目指して２年間、必要な知識・能力を向上させるために、パソコンのスキルを含めたさまざまな訓練を行います。手帳を持っていない障がい者の方でも、障害者総合支援法の基準にそって通うことができます。これは、就労移行支援事業という福祉サービスの一つで、訓練費用は、1割は本人負担、残りの9割は市町村から出ています。

訓練は月曜日から金曜日。一日の流れは、自力あるいは送迎で通所した利用者の10時の朝礼でスタートします。その後ラジオ体操、コンビニでの陳列作業や地域での清掃活動、図書館での本の整頓をします。そしてパソコンのプログラミング、ウェブデザイン、CADを学び、農作業や軽作業でコミュニケーションスキルを学びます。

ビジネスマナーは外部講師を招いて、障がい者一人一人の希望に合ったカリキュラムで訓練します。訓練をする講師の中には、自身が精神障がいで苦しんだ人もいます。ほかに、委託事業とシステム開発の3つの事業を行っています。

また服部さんは、大垣駅から車で15分ほどの所にソエルというIT企業も経営しています。ソエルは2012年12月にシステムリサーチの子会社としてスタートし、現在は特例子会社として難病や重度障がいのある人が働いています。

何回も「からだの危機」を乗り越えて

服部さんは就職後、本当は横になっていたいぐらい大変な体だったのですが、自分のための仲間のために福祉のことを知ろうと、福祉大学へ通いました。仕事は10時に終わる残業の多い仕事でしたが、睡眠時間を減らして、仕事と両立させながら福祉のことを学んだのです。

そして、見事2年間で卒業しました。

しかし体に無理が続き、多血症が原因の脳梗塞になってしまいました。それでもやっとの思いで、NPO法人岐阜障がい者雇用支援ネットワークを立ち上げました。それがレストラン「へれんけらあ」と、後のウェルテクノスです。

レストランでの軽作業は知的障がい者に向いていること、ITという仕事は精神、身体、重度障がい者に向いていることを、大学で学んでいたのです。

へれんけらあは養護学校の校長と市議会議員が、「有名なヘレン・ケラーのように、重い障害を持ちながらも乗り越えていけるように」との思いで命名しました。

ただ、事業は始めたものの軌道に乗らず、事務の仕事を掛け持ちしながらITの飛び込み営業に行っていました。毎日大変な思いで仕事に取り組んでいたのですが、2度目の脳梗塞になってしまいます。その後遺症で言語障がい、運動障がいもありましたが、リハビリを受けなんとか回復。やっとの思いで生計を立てながら事業を継続しました。

そんな中、2年が経ち、NPOのレストランは新しい担い手ができ、現在も継続中です。そしてIT事業は株式会社ウェルテクノスとしてスタートしました。

ウェルテクノスを運営していく中で、障がい者を雇用した方が企業にも支援をしやすいことがわかってきました。そこで就労継続支援のA型かB型を立ち上げようと思っていた矢先、ある人の紹介で、株式会社システムリサーチというIT企業と出会いました。システムリサーチは、障がい者雇用率の改善を考えていました。それがきっかけとなり、システムリサーチの子会社として、２０１２年の12月にＩＴ企業「ソエル」をオープンさせました。

ところが、服部さんは、翌年1月、またもや脳梗塞になってしまうのです。しかしそこでも服部さんはリハビリに取り組み、復活を遂げます。

互いに認め合える組織

福祉用具などは、障がい者が使いやすいものは健常者も使いやすいといいます。それは会社も同じことで、障がい者が働きやすい会社は健常者も働きやすい会社となり、互いに認め合えるよい組織となります。

さまざまな障がい者がいる中で、彼らにできるたくさんの仕事があります。ウェルテクノスのような会社が増えることが、さらに必要になってくるでしょう。（阿久津早紀子）

多発性硬化症が進行する中、夢の実現に邁進するフィットネスクラブ2代目社長

株式会社 ケー・アンド・イー

かかわる人すべてを健康で幸せにしたい

現在43歳の加藤和紀社長は27歳のとき、多発性硬化症（ＭＳ）という重い病気を発病しました。現在彼が経営する株式会社ケー・アンド・イーは、名古屋市名東区上社に本社機能を持つ健康・スポーツ施設です。名東区といえばかつてはのどかな田園地帯でしたが、今や名古屋市の東玄関に位置するベッドタウンです。

ケー・アンド・イーは、名古屋市名東区、愛知郡東郷町、尾張旭市、長野県上田市の4カ所で、フィットネスクラブとスイミングスクールを営んでいます。またスポーツシティあいちでは、障がいのある人たちがスポーツを楽しむ「ほのぼのクラス」を設けています。ここは１９８５年からずっと続けているクラスで、親御さんたちからは「規律を守れるようになった」と好評。会社は、今後4つの事業所すべてに「ほのぼのクラス」を設置すると意気込んでいます。

２００２年、加藤さんと全ディレクターが討議を重ね、経営理念と存在目的を創り上げまし

た。「理念」は、キャスト全員がまごころ・専門知識・マニアックを行動の原点とすること。「存在目的」は、かかわる人すべての健康と幸せに貢献すること。これは、加藤さんの人生信条である愛・愚直・素直・誠実・感謝をベースに表現されています。

発病が転機に

加藤さんは27歳のとき、エスカレーターに乗ろうとして違和感を覚えます。足が何度も引っかかるのです。「おかしいな」と思い病院に検査に行きましたが、異常は発見されませんでした。その頃、母親の説得もあり、ビバーレン・カトーという不動産の管理会社を受け継ぐことになり地元に戻りました。しかし体の不調は止まりません。さまざまな病院で検査をしましたが、はっきりした病名はわかりませんでした。

30歳になってようやく名大病院で、多発性硬化症だろうという診断を受けました。ちょうど、3年間籍を置いた青年経営者経営塾の卒業にあたり決意表明をする時期でした。仲間の一人が書いた文章の中に「障がい者雇用」という文字を見つけ、「これだ。自分もこの方向に向かおう」と決心しました。しかし、その方法がわかりません。悶々としているとき、中小企業家同友会で障がい者雇用のイベントがあり、会場で知り合った仲間にいろいろ教えてもらい、障がい者雇用を始めました。2008年のことでした。当時32歳の障がいのある女性が、清掃作業で上社スイミングスクールに入ってくれたのが夢の実現の始まりでした。

「自分の会社の人間なら愛情があるから大丈夫」と確信を持って、障がい者雇用を始めた加藤さん。「始めるにあたって不安はなかった」といいます。そして、障がい者雇用の中でも知的障がいを持つ人の雇用が少ないことを知り、知的障がいの人たちの雇用に力を入れます。

「ふさぎこむのはもったいない」

加藤さんは、東海高校を卒業後、早稲田大学政治経済学部に入学。海外旅行にも何度も出かけ、夢いっぱいの青春を謳歌していました。卒業後は会計士の資格を取得し、監査法人トーマツに入職、4年勤務して実家に帰り、親の跡を継ぎます。その彼に突然難病が襲いかかったのです。洋々としていた前途が、多難の人生へと進路変更してしまったように感じられました。しかし、「親からもらった明るさがある。ふさぎこむのはもったいない。また、明日は来るから」──加藤さんは不運をはね返しました。

現在、4つの事業所すべてに知的障がい者を一人ずつ雇用しています。最近は障がいのある従業員をゲストの方々が温かく見守ってくれています。そのような事例を2つあげてみます。

毎日頑張っているA子さんですが、彼女は車が怖いのです。車が走っているのを見かけると足がすくみ進めなくなってしまいます。そんな彼女を知るゲストの方々は、A子さんの名前を覚え「いつも頑張っているね」とお褒めの言葉をかけてくださいます。時には旅行のお土産を下さる方も。そうしたことがA子さんの頑張る原動力になっているようです。

B子さんは清掃担当です。掃除箇所は洗面台、シャワーブース、サウナ室、ロッカー、窓、床、トイレ、マシンなど多岐にわたります。モノによっては苦手なものもあるでしょうが、陰日なたなくどんな時でも一生懸命に掃除をする彼女の姿は、一緒に働く仲間だけでなくゲストや地域の方々にまで感動を与え、それは地域貢献にまでなっています。

こうした仲間の存在、そして周囲の方々とのつながりが、加藤さんの宝であり誇りなのです。

健康関連サービスを通して社会に恩返しする

加藤さんは現在、徐々に病気が進行する中、3男1女の父として夢をもって生活しています。その夢とは、障がい者も健常者もみんな仲良く暮らせる町づくりです。

夢の実現に向けて今考えていることの一つは、デイサービスにインストラクターを月2回くらい派遣する訪問フィットネスクラブをつくること。高齢者の方々が元気に長生きするためのサービスの提供を考えています。

アニマルセラピーの夢もふくらみます。動物との触れ合いを通して、障がいや病気の改善を図ることが目的です。

そして、これまで通りスポーツを通して、強靭な精神と健康な肉体をつくることのお手伝いをします。それによって医療費も抑制され、社会貢献できると考えています。

念頭にあるのは、これまでお世話になったたくさんの人への恩返しです。（平松きよ子）

福祉と経済の融合で、新しいビジネスモデルを切り拓く会社

一般社団法人 ラバルカグループ

工賃月額10万円をめざして

ラバルカグループは、愛知県豊橋市にある、障がい者就労継続支援A型とB型、就労移行支援、生活介護、居宅介護、移動支援、相談支援などを行っている会社です。事業が多岐にわたることが特徴で、パン製造販売事業、名刺制作事業、美容室向け専門洗濯事業、病院内カフェ事業、とんかつ店事業、オムライス店事業などがあり、障がい者はその中から好みの職業を選ぶことができます。

夏目浩次代表には、障がい者にも一般の初任給レベル（18万円ぐらい）の待遇を、最低限の権利として実現したいという強い思いがあります。そのためにも、障がい者が働く場は福祉とビジネスが融合した場でなければならないと考えています。現在（2013年8月）、給与は12～13万円、工賃は4万円台を実現しています。工賃の将来的な目標を月額10万円と決め、その経過である最新の平均工賃を常にホームページで公開しています。

また夏目さんは、閉鎖寸前の地域企業を障がい者雇用で蘇生させるモデルも考案し、現在、自然派ドーナツ店や美容業向け専門洗濯業などの形で展開しています。具体的にはアイエスエフネットという会社とコラボし、地域の閉店しそうなお店や会社と、障がい者雇用を通じた企業再生の可能性について協議します。障がい者雇用による損益分岐点引き下げやサービスの多様化を図り、店や会社の再生・経営の継続を目指しています。

「障がい者の工賃、月1万円」に衝撃

10年前、大学院で学んでいた夏目さんは、小倉昌男氏の『福祉革命～工賃1万円からの脱却～』(小学館)を読んで、障がい者の工賃が月1万円であることを知り衝撃を受けました。実際に、豊橋市内の旧授産施設と旧小規模作業所に足を運んで独自調査をしてみると、あろうことか月額平均3000円～4000円という実態が明らかになります。そのとき目と心に焼き付いたのは、全く楽しそうに仕事をしていなかった数多くの障がい者の姿でした。

異常に低い賃金や楽しくもない仕事について当事者や家族に聞いてみると、一様に「しかたない」という答えが返ってきました。「障がい者だからしかたない」という諦めこそが、当事者、家族、事業者の3者が成長しない一番の要因と直感し、「同じ人間なのだから可能性はある。自分がそれを証明してやろう」という思いに至ったのです。

起業への思いは強まり、小倉氏に半年間手紙を書き続けた結果、ついに面談してもらえるこ

とになりました。ところが名刺交換のとき、「スワンベーカリーをやりたいです」と口にしたその瞬間、なんと小倉氏は「商売はそんなに甘いものではない。帰りなさい」と、名刺をポケットに引っ込めてしまいます。こうして半年間熱望した面談はたった30秒で終わってしまいましたが、この出来事が「やってやる！」というエネルギーにつながっていったのです。

最初にパン屋を選択したのは、単純に夏目さんがパン好きだったからですが、いざ始めてみると重労働の上、低収益で非常に大変です。障がい者は開店当初から3名雇用しましたが、想像をはるかに超える多忙の中でその3名に仕事を教えることになってしまいました。

業務自体が思ったようにはこなせず、当然商売はうまくいかず、赤字がどんどん膨らんでいきました。カードローンを5枚も6枚も作ってギリギリでやりくりするほどになっていきました。起業2年目にめでたく結婚はしましたが、夏目さん自身は3年目までずっと無給で、1Kのアパート暮らし。売れ残りのパンを食べ、両親に助けてもらい、ようやく暮らしているというありさまでした。そんな中、働かせてほしいと訪ねてくる人が月に5～10人あり、そのたびに障がい者就労の場作りへの思いは強固なものになっていきました。

「タリーズのかっこいいユニフォームを障がい者に着てほしい！」

女性従業員Aさんは数字が苦手でお金の計算ができませんでした。彼女の親からは、「数字にかかわる仕事はやめさせてほしい、無給でいいから他の仕事をさせてください」と頼まれました。しかし人並みの給与を出すことを目指し、人の可能性を信じるところから会社をスタートしていますので、辞めさせたり無給にしたりするわけにはいきません。

Aさんはお店の厳しい経営状況や親と夏目さんとのやりとりなどの雰囲気を察してか、ある日、自分でノートとペンを買ってきて、パンの名前と値段を書き始めました。ノートは次第に増え、何冊にもなりました。パンはそれほど多品種な商品なのです。そしてついに彼女はそのノートを使い、レジ業務をするようになったのです。

彼女はレジ業務をすることで徐々に自信を付けていき、配達までできるようになっていきました。「配達は大丈夫？」と聞くと、「お客様が教えてくれるから大丈夫です」と答えるほどになりました。それを聞いた夏目さんは、その成長と目に見え始めた可能性に感激し、思い切って移動販売車を購入することを決意するのです。資金はまたしてもカードローンの借金でした。

それまでの待ちの姿勢での営業ではなく、積極的に外に出る形となったその移動販売が功を奏し、経営は少しずつ上向きになっていきました。「彼女の可能性に賭けてうまくいく確信はありましたが、正直なところ、それ以上に恐怖もありました」と夏目さんは当時を振り返ります。「諦めたら終わるぞ」という思いと、「障がいのある社員たちの小さな成長が背中を押してくれた」ことが、その恐怖に打ち克つ力を与えてくれたのでした。

ラバルカグループの事業の一つに病院内カフェがあります。これはタリーズコーヒーのフランチャイズです。タリーズには5年前から障がい者雇用でアプローチしていたところ、ある病院の建て替えに際し、院内カフェの入札に一緒に参加しないかと誘われました。ただ入札に参加するライバル企業2社は強力で、とても勝ち目はないと思われました。ところが夏目さんがプレゼンテーションで語った「タリーズのかっこいいユニフォームを障がい者に着てほしい！」という熱い思いが、病院関係者の胸を打ち、逆転の大勝利をもたらしたのでした。

カフェの仕事はレジ、パスタやサンドイッチ作り、バリスタなど多様です。最初からすべてを覚えてそれを複数こなすのは、障がい者には難しい場合があります。そこで仕事場に工夫を凝らし、「1人1仕事1区画」とすることで「やれる仕事」を創り出しました。当初は動線がバラバラでしたが、徹底的に研究し、標準の店舗とはまったく異なるレイアウトにして、やれる仕事と働ける場を創り出したのです。「その人のためにどうするかを、とことん考えたらできた」と夏目さんは言います。

社会全体での福祉と経済の融合

持続可能な本当の福祉社会を築くためには、ビジネスと福祉の融合が必要不可欠と考える夏目さんですが、「実は、ビジネスと福祉の融合に限界を感じている」と言います。行政制度や社会的理解の中に大きな壁があるのだそうです。具体例をあげてみましょう。

同社が関連する飲食店、カフェなどは22時まで営業しますが、障がい者は18時には帰宅してもらいます。残業や深夜勤務をさせないためです。しかし驚いたことに、「障がい者がいない状態での営業は認めない」と行政からクレームが入るのです。「18時以降は営業してはならない」となります。行政では、障がい者就労支援施設とした店舗は福祉施設であると見て、そのような指導をしているようですが、これではビジネスはできません。

そもそも営業時間などの指導内容は法律に書かれているわけではなく、地域や行政担当者によって言うことが異なるという問題もあるのです。障がい者より健常者が多いと「支援者が多すぎる」というクレームがつくこともあります。「支援者単独で仕事をするのは認めない」とも言われます。たとえばレジ業務を健常者だけでしてはいけないというのです。カフェでサービスを提供するにあたり、「つねに2人で行動し1つの仕事をせよ」というのは非現実的であり不自然です。行政の担当者は、障がい者と健常者が職場で共存する自然な姿にこそ配慮すべきでしょう。障がい者が「普通に」社会で暮らす。楽しく働いて、幸せになる。そのことが大切なのですから。

また、これはとても残念なことですが、社会の中にも、福祉施設は障がい者の単なる居場所、時間つぶしの場所という認識が残っているのも事実です。

福祉の思考だけでは障がい者雇用の継続発展が難しいのはあきらかです。福祉と経済がしっかりつながり、障がい者が活躍できる社会的な仕組みの構築、社会的理解の浸透が必要です。夏目さんは、誰もがやりたい仕事に就き、同じ職場で隔たりなく、やりがいをもって「楽しく幸せに働ける」社会を思い描き、今日も活動を続けています。（井上竜一郎）

障がい者の自立のための「脱障がい者施設」を目指して

社会福祉法人　共生シンフォニー

国産食材・オーガニック・無添加へのこだわり

緑の大自然におおわれた滋賀県にある共生シンフォニーは、焼き菓子の製造販売を中心に、農業、地域の作業所や事業所向けのお弁当の製造、カフェの運営、高齢者デイサービス等を営み、障がい者の視点を社会に広める活動を行っています。

１９８６年、脳性麻痺のある門脇謙治さんにより設立され、２００３年に社会福祉法人共生シンフォニーとして法人化、障がい者自立支援法に則った障がい福祉サービス事業を行っています。

事業の中心になっている「がんばカンパニー」という焼き菓子の製造販売部門では、国産食材・オーガニック・無添加にこだわり、地域だけではなくデパートやインターネットでも販路を拡大し、売上が2億円にも上る事業に成長しています。

そこで働く社員65名のうち、障がいのある社員は50名。全員が当事者意識を持ち、経営に参画する組織運営を行っています。

「今日も一日がんばったなあ」

１９８６年、門脇さんは「今日も一日がんばった本舗共働作業所」を無認可の小規模作業所として設立しました。

門脇さんは脳性麻痺という病気がありますが、障がい者でも仕事をしたりお酒を飲んだり人を好きになったり、健常者が日常に行っていることを楽しむ権利があると考えていました。障がいのある人もない人も共に地域で当たり前に暮らそうという思いを実現するため、そしてその思いを仲間にも伝えるためにこの作業所を設立したのです。

一風変わった作業所の名前は、知的障がい者の人が仕事の終わりに言っていた「今日も一日がんばったなあ」という口癖の言葉に由来します。

現在作業所の常務理事である中崎ひとみさんは、１９９２年に門脇さんと出会い、管理体制が行き届いていない施設を立て直すために経営を担当することになりました。彼女は当時、この施設を利用する障がい者のためのボランティアをしており、門脇さんとの縁がつながったのです。彼女自身、障がいのある子どもを抱えています。

２００６年に門脇氏は亡くなりました。現在は彼の思いを中崎さんが引き継ぎ、活動を広めています。

理念に共感してもらえる企業とのみ取引しよう

共生シンフォニーは、「共生・共働・共育」という理念を掲げ、働く障がい者と共有しています。2012年、共生シンフォニーでは理念に立ち返る大きな出来事が起きます。

中崎さんが1992年に就職した際、共生シンフォニーでは信楽焼、お茶、コーヒーを仕入れ、定期的に市役所やバザーで販売していました。

当時、売り値よりも高い価格で仕入れ、在庫管理や伝票整理も行われず、内情は火の車で事業継続も厳しい状況が続いていました。そこで事業を立て直すべく、商売の見直しだけでなく商品の見直しも行いました。みんなで時間をかけて、商品はクッキーに決定しました。自分が食べたい、そして子どもにも安心して食べさせられる商品にしようと、材料は無添加、オーガニックで国産食材にこだわることに決めたのです。

中崎さんの思いはじわじわと消費者の心をつかみ、1995年には年間売上3000万円を超え、1996年にはクッキー工場を新設。1999年「今日もがんばった本舗」から「がんばカンパニー」として分割しました。その後も成長を続け、2008年にはスーパーやネット販売にも販路が拡大していきました。

成長を遂げる中で、OEMの受注を受けるようになりました。OEMとは他社ブランドの製品を製造することです。ただOEM商品は売上貢献度は高いのですが、がんばカンパニーの思いに反し、添加物が入った商品を製造しなければならないこともありました。ジレンマを感じながら製造している中で、事件は起きました。納品した焼きドーナツにカビが発生したのです。納品先企業は、室温40度を超える倉庫で長期間保管していました。常温保存が可能な商品ではありましたが、商品を保管するにはふさわしくない環境でした。しかし、製造を担当したがんばカンパニーが責任を取ることになり、商品の回収と賠償金を支払いました。同時に、大口の顧客を失うことになりました。

この出来事から、中崎さんは大きな教訓を得て決断をします。経営の安定化のために売上というお金を中心につながることよりも、自社で大切にしている「共生・共働・共育」という理念でつながることが大切である。この理念に共感してもらえる企業とのみ取引しよう。そして、働くことに感謝できる仕事をしよう。自分が食べたい、自分の子どもに食べさせたい、無添加でおいしいものをつくろう。クッキーを商品に決めた時の原点に返る機会になったのです。

中崎さんの思いは商品だけではありません。中崎さんは、健常者が当たり前にしていることを障がい者も行う権利があるという設立者門脇さんの思いを大切にし、彼らを社員旅行に連れていきます。国の内外を問わず、みんなが行きたいと思うところに行きます。

仕事により生活力をつけて地域で当たり前に暮らすと同時に、自分たちが行きたい場所を考えて旅行に向けて準備をし、健常者と同じように旅を楽しむこと。そんなふうに外に出ることが本人の自立につながると考えるからです。

世の中から障がい者施設をなくしていく

中崎さんは将来の夢をこう語ります。「がんばカンパニーを菓子屋として株式会社化する。そして世の中から障がい者施設をなくしていく」と。

今は社会福祉法人に障がい者が集まっていますが、社会の人口構成を考えてみても、こんなに障がい者が多い場所はほかにありません。世の中で障がい者がもっと認められ、当たり前に企業に就職することができる世の中をつくること、それが中崎さんの将来のビジョンです。（高橋明希）

「ピア・サポート&ナチュラル・サポート」の社会へ向けて、人材育成で輝く会社

まるく　株式会社

愛媛県松山市松山駅より車で10分ほどのところに、人材を育成しながら障がい者の就労支援を行う、まるく株式会社があります。愛媛県初の雇用型の障がい者就労継続支援A型事業所です。ここでは、全社員の8割強にあたる約75名の障がい者が働いています。身体38名、精神12名、知的17名、発達8名など、その障がいは多様で、就労形態もさまざま。社内で仕事をする人もいれば、法人に出向しチームで清掃業務などに従事する人、通勤が困難なために自宅でテレワークをする重度の障がい者もいます。

まるくにおける人材育成は、あいさつなどのトレーニングプログラムに始まり、仕事のスキルやコミュニケーション能力を高めるための教育、実践的な場での独自カリキュラムという段階を踏んで行われます。

終身雇用と転職のオプション

障がいのある社員は、終身雇用か転職かを選択することができます。就労経験を重ね、一般

企業へ転職する方は7％ほどです。また、最近は農業事業などにも取り組み始めています。

スウェーデンの社会福祉法人を模範に

創業者の北野賢三社長は、東証一部上場企業の人事部で採用や社員教育に携わっていましたが、30歳の時（2001年）、バイク事故により体が思うように動かせなくなります。入院中はうつ状態になり、退院後も2年ほど車いすでの生活を強いられました。

それでも「何とか働かなければ」と思い、ハローワークなどを通じて障がい者の求人を探しましたが、あまりにも求人数が少なく大きなショックを受けました。役所では障がい者就業・生活支援センターを紹介されただけで、障がい者就労の厳しい現実を目の当たりにしました。

そこで北野さんはリハビリに励み、日常生活に支障のない程度まで回復すると、マンションの一室で、障がい者を企業に斡旋する仕事をスタートさせました。

北野さんの枕元には、いつも一冊のバイブルが置かれています。それはスウェーデン語で書かれたある企業に関する書籍です。ある企業とは、サムハルというスウェーデンにある社会福祉法人で、そこでは2万人の障がい者が働いています。そしてその5％に相当する約1000人が、イケアやボルボなどの大企業を含む一般企業へ転職しています。

このサムハルに刺激を受け背中を押されながら、新たな道を模索してたどり着いたのが、障がい者就労継続支援A型事業でした。人事部での経験を生かし、人材を育成しながら障がい者の就労支援を行うため、２００６年にまるく株式会社を立ち上げたのです。

「支援者は健常者、利用者は障がい者」ではダメ

北野さんは、障がいの有無にかかわらない多様な社会になるには、「支援者は健常者、利用者は障がい者」という構造ではなく、「ピア・サポートとナチュラル・サポート」という構造になることが必要だと考えています。

ピア・サポートとは、いわゆる先輩・後輩、上司・部下、リーダー・フォロワーなど、立場は違えど同じ障がいのある人同士でできる支援のことです。そして障がいゆえにどうしてもできないことに関して、健常者が自然な手助けをするのがナチュラル・サポートです。

北野さんは、ピア・サポートができないのは、①働く職場がないこと、②育成技術を教える人がいないこと、③育成に適性のある熱い人が見当たらないこと、この３つがないからだと仮説を立てました。そして、①はまるく株式会社、②は北野さん自身がなり、そして③は障がいのある社員の成長を見極めながら決める、という方針でピア・サポートに取り組むことにしたのです。これが成功すれば、障がい福祉という業界の、就労支援という業種の、支援スタッフという職種が、新たに障がいのある人の職業になりうると証明できるはずです。

まるくでは、入社後、最初はあいさつなどに重点を置いたトレーニングプログラム、その後、仕事のスキルやコミュニケーション能力を高めるための社員教育を実施します。そして仕事に

本気で取り組み挑戦する場を用意して、さらに独自のカリキュラムを実施し、人材育成に力を入れています。

障がい者社員には2つの選択肢があります。1つは終身雇用、もう1つは転職。この2つに共通している前提は「逃げない」こと。現状から逃げるための転職、正規雇用は許されません。自分ができることを、今、精一杯、取り組まなければならないのです。

「まるくの事業は福祉というより育成。社員教育の努力が実ったことを実感できるのが一番うれしい」と語る北野さん。ある日、路上で、一般企業に転職したAさんに久々に出会ったときのことです。一緒に近くの喫茶店に入り、近況報告などをしてもらいました。お店を出る際に「ここは私が支払います」とAさんに言われ、北野さんは「君、成長したなぁ」と思わず顔がほころんだそうです。

目標は「まるく株式会社」が不要な社会

北野さんの将来の目標は、障がい者就労支援そのものが不要になることです。イコール、まるく株式会社が無くなること。国の補助金に支えられながら就労支援する会社がいらなくなり、障がい者が養護学校卒業後、直接企業へ就職できる時代へ。そのような時代が来れば、その時はもっとほかに、社会からスピンアウトした人たちを支えることに力を入れていきたいと考えています。（安藤貴裕）

徹底した品質とサービスを追求することで、働く自負と生きがいを与える土佐茶カフェ

NPO法人 ワークスみらい高知

A型就労で月10万に近い賃金

高知市の中心商店街・帯屋町にある「ひだまり小路 土佐茶カフェ」。おいしいお茶の入れ方から教えてくれる、高知ブランド発信のお店です。ここでお茶の入れ方を教えてくれるのは障がいのあるスタッフです。このカフェを運営するのはNPO法人ワークスみらい高知。高知市内でほかにもお弁当やケーキの製造、飲食店、ミュージアムギャラリーなど、7つの福祉事業所を運営しています。

事業所では約180名の従業員が働いていますが、そのうち障がい者は約120名。就労継続支援事業A型に50名、就労継続支援事業B型に20名、一般就労を目指しトレーニングを行う就労移行支援事業に30名などとなっています。

A型就労では現在、月10万に近い賃金を支払っています。さらにここでの就業を経て、ホテルやドラッグストアなどの一般企業に就職する障がい者も毎年10人以上出るまでになりました。

障がい者の働く環境を変えたい

ワークスみらい高知代表の竹村利通さんは、以前、高知市内の病院でソーシャルワーカーとして勤務していました。その当時、退院した患者が社会になじめず数カ月もしないうちに再入院するという現実を目の当たりにしました。「病院で医療を施しても、受け入れる地域に受け皿がないと意味がない。もっと地域のあり方を考えてみたい」と病院を辞め、同じソーシャルワーカーとして高知市社会福祉協議会に転職しました。

そしてそこでも、単純な作業を繰り返し、ひと月1万3千円程度の低い工賃しか受け取れない障がい者の人たちが、生きる気力すら失っていく姿に接します。そこで、「障がい者の働く環境を変えたい」と、手作りパンを売る店を立ち上げ、有限会社として障がいのある人たちを雇用しました。竹村さんが40歳の時のことです。

しかし経営は2年で破綻。最大の原因は、ビジネスに対する意識の甘さでした。「このパンは障がいのある人が心を込めて作りました」という、いわば「障がいを売りにした」ビジネスだったのです。

これでは一部の人たちにしか買ってもらえない。そう気づいた竹村さんは、再起をかけて、福祉事業所を運営するＮＰＯ法人を設立。新たに掲げた方針は「障がいを売りや言い訳にしない」こと、そして、「徹底した品質とサービスの追求」でした。

無理に障がい者を中心に据える必要はない

再起に当たり、竹村さんが心掛けたことが2点あります。1つは、福祉関係者や知人を避け、一般の人をターゲットにすること。これにより品質やサービスに緊張感を保つことができます。障がい者に理解のある人や知人が頻繁に来店することで、障がい者に甘えが出てしまうことを避けたかったからです。2つめは、現場のスタッフに福祉関係者を配置しないこと。福祉関係者は、優しいかわりに知識がある分、「こういった作業はできないだろう」と障がい者の可能性を摘んでしまいがちなのです。

障がいや福祉を掲げると、一般のお客様に先入観を与えてしまい、サービスや品質が低くても「障がいのある人だから」と大目に見てもらえますが、結果的に客足は遠のきます。サービスや品質さえしっかりしていれば、後で障がい者が働いていると知っても、お客様はちゃんと受け入れてくださるのです。

障がい者を雇用する多くの会社や施設、あるいはなかなか障がい者雇用が進まない会社では、「障がい者が中心でないといけない」と考えているのではないかと、竹村さんは指摘します。しかし障がい者が中心となってする仕事には限界があり、そうしようとすればするほど中心から外れてしまい、結局、工賃が1日800円という仕事を生んでしまうことになるのです。

アートゾーン藁工《わらこう》倉庫の中にあるワークスみらいのレストラン「土佐バル」では、開店前に

100個のグラスを3時間かけて磨くという仕事があります。こうした裏方の仕事でも、役割を与えられた人は生き生きと働いています。またケーキ工場で生クリームをこねる仕事でも、お金を生む仕組みの中に自分がいるという自負があると、取り組む姿勢が変わってくるそうです。自分が休むと出荷ができない、迷惑がかかるというような組織の一員としての意識が生きがいとなり、「自己覚知」（自分は一体何者なんだ）が生まれてくるのだと竹村さんは言います。

先人のひたむきさを忘れない

「一般企業1社が無理して10人の障がい者を雇用しなくてもいいのです。1社が1人雇用する。それが100社に広がると100人の雇用が生まれる。例えば高知でも1人の障がい者を800社の会社が雇用する。それが当たり前になれば、僕たちのような事業所は必要なくなるということでしょう」と竹村さんは言います。昨年12月に開設した飲食店では、従業員6名のうち2名が障がい者の一般就労として雇用しました。有言実行あるのみです。

また社会福祉のあり方については、「規制緩和により多くの福祉事業が生まれ、かつての四苦八苦して生活支援サービスを行っていた時代からは隔世の感があります。国の財政責任が明確となり、福祉事業の安定供給体制が整ったのは、明らかに福祉の前進。しかしながら社会福祉においては、先人たちのような、いても立ってもいられないマインドを持った人間のひたむきな取り組みが必要ではないでしょうか」と警鐘を鳴らします。（増田かおり）

病気の体験を力に変え、書く人も作る人も届ける人も読む人も幸せになれる本作りを目指す会社

株式会社 ラグーナ出版

病気の体験を力に変えよう

鹿児島のシンボル桜島を背にして鹿児島中央駅に向き合うビルの一角に、株式会社ラグーナ出版があります。メンタルヘルスにかかわる本の刊行、手製本などを手掛け、従業員41名、うち精神障がい者30名（2014年3月現在）がともに働いています。

会社設立のきっかけは、2005年、社長の川畑善博さんが精神保健福祉士として精神科病院に勤めていた頃にさかのぼります。当時、統合失調症の診断で入院していた竜人さんに見せられた1冊のメモ帳。そこには、周囲には理解できない過酷な病気の体験が書きなぐってありました。体が腐敗し、それが宇宙にまで広がっていく描写、「指を一本動かすと世界が滅びてしまうぞ」という声。川畑さんはこのとき初めて、竜人さんが幻聴の世界を「現実」として生きている苦悩を理解し、その「痛み」について何も知らなかったことを恥じたといいます。「声が幻聴だと気付いたのは、他の人の体験記を読んだから」と竜人さん。そして、自分に起こっ

たことを書くことで同じ病に苦しんでいる人の役に立ちたいと語りました。この竜人さんの言葉をきっかけに、本作りが始まったのです。

病院勤務の前に出版社で働いていた川畑さんが編集を引き受け、作業には、同じ病院に精神科医として勤務していた現会長の森越まやさんも加わりました。病院内で声をかけ、集まった手記を前にして森越さんは、「精神病は生死に関わる病気。その過酷な世界を生き抜いた体験者の言葉は病を超えて、生きることの本質を貫く祈りの言葉のように感じられた」と振り返ります。かねてから社会的な受け皿のない患者さんの退院後の暮らしや就労について思案していた森越さんは、患者さんとの編集会議や座談会が楽しく、「みんなと一緒なら大丈夫」と患者さんに励まされるような気持ちで外に向かっていく決意をしたといいます。

「入院患者さんは真摯に文学に救いを求めている」と川畑さん。表現の違いはあれ、どの手記も生きることと書くことが緊密に結びついており、文学もまだまだ捨てたものではないと感じたそうです。出版のコンセプトは「病気の体験を力に変えよう」。そうして病気の体験、エッセイ、小説、座談会などを掲載した雑誌「シナプスの笑い」が出来上がりました。それぞれの夢が一つになって、かなった瞬間でした。

つながりのなかに回復の鍵がある

2006年、本作りの場を地域に移し、ラグーナ出版の前身となるNPO法人を設立します。

それは、社会の中で障がいの体験を伝える役割と責任を担いたいという思いからでした。

みんなで手分けして書店を回り、『シナプスの笑い』の販売活動を開始します。精神障がい者が編集した本を社会が受け入れてくれるか不安だった川畑さんは、訪問した書店がどこも好意的なことに驚きます。ある書店の店長は、『シナプスの笑い』のコーナーを作り、温かい言葉をかけてくれました。「全国流通する短時間で消費される本ではなく、長い時間をかけて売れる思いのつまった本を応援したい。ラグーナ（干潟）はよい名前だね。社会が干潟で浄化され、きれいな海になるように応援しますよ」

その店長から「売り切れたので、また30冊持ってきて」と言われたとき、思わず涙が流れたといいます。川畑さんは、社会とつながることが人にどんな勇気を与えるかをこのとき体感しました。そして、社会とのつながりのなかにこそ精神障がいの回復の鍵があると確信している森越さんとともに、２００８年、株式会社ラグーナ出版を設立。就労継続支援Ａ型事業所の指定を受け、精神障がいのある8人の社員とともにスタートしました。

当時を知る一人、星礼菜さんは、今では本の編集、広報誌の作成、郷土の絵はがきや注文に応じたイラスト制作をてきぱきこなします。彼女は大学の美術科を卒業してから4つの中小企業で働きましたが、対人関係が難しく、思い悩んだ末に精神科病院に入院。薬の副作用で指が動かなくなりました。そのときリハビリのつもりで久しぶりに描いた絵を看護師にあげると、とても喜んでくれたそうです。「ラグーナに就職したことで、絵で人に喜ばれる仕事がしたいという夢がかないました」と星礼菜さん。そして、人を信じられるようになり、自分を大切に感じ、病気があっても引け目を感じなくなりました、と語るのです。

同社ではパソコンの仕事だけではなく、手作業での製本も行っています。紙をカッターで切り出し、糸で綴じて、美しい装丁の本を作り上げる。こうした手作業で、入院中のベッドから送られてきた作品を数冊だけの本に仕上げます。自分の言葉が本になることを喜び、心の支えにしてほしいと願うからです。

職場環境の話し合いの時に、「ラグーナにはいじめがない」ということが社員からあげられました。「障がいは人の心を謙虚で強く優しくするのではないか、そうしたつながりのなかでこそ心の強みが発揮されるのではないかと思うようになりました」と川畑さんは言います。

多くの精神疾患は治療を続けながらの生活で、障がいが固定しない特性があります。固定しないということは限りなく成長の可能性があるということでもあります。けれどその成長の可能性を広げるためには適切な治療が大切であり、精神障がい者支援は、医療と福祉の両輪がそろうことが非常に重要になるのです。医療と福祉の連携という点で、ラグーナ出版は精神障がい者雇用の先進的モデルケースとなる存在といえるでしょう。

治ってから働くのではなく、働くことで回復する

「書く人も作る人も届ける人も、読む人も幸せになれる。そんな本の仕事をしていきたい」。

川畑さんの思いです。

そして森越さんは精神科医師の立場から「医療の現場からは社会が遠く思えましたが、現在は、働くことで病気が回復していくことを実感しています。治ってから働くのではなく、働くことで回復するのです。平成25年度の障害者白書では、精神障がい者数は３２０万1千人、入院中の方は33万人、入院が数十年に及ぶ人もいます。中には、雇用という形で社会に入ることができない人もいます。効率や生産性が問われる現在の社会の中で、それぞれが自らの生活を引き受けて大地に根を張り、自分らしく生きるにはどうしたらよいか、そのためにラグーナにできることはないかと考えています」と語ってくれました。

『シナプスの笑い』の刊行に寄せて、川畑さんはフランスの哲学者フーコーのことを引いてこう書いています。

「フーコーは闇に排除された言葉に耳を傾けて歴史に新たな視座を切り開いた。これまで闇に葬られた生き方、言葉を照射することで、新たな光を、新たな生き方を感じることができないだろうか」

精神障がい者の生き方や言葉に新たな光を当て、心が閉塞した時代のなかに新たな視座をつくることがラグーナ出版の使命であるといえるでしょう。その課題解決のための格闘の日々は、今日も続いています。（高澤暢）

第2章

なぜ社員が助け合うのか

社員と障がい者が〝夢〟を共有しながら、「感動を創る」アミューズメント会社

ドラゴンキューブ 株式会社

遊びと楽しさで感動を創る

ゲームなどの中古品販売および中古総合アミューズメント業を展開するドラゴンキューブ株式会社は、青森駅からバスで20分ほど走った住宅街の一角に本社を構えます。社員数237名。「お客様、働く仲間に感動を創る」を企業理念に、ゲーム、玩具、漫画、CD、DVD、釣具、楽器、古着などの販売を通じて「遊び」を提案している企業です。

店舗は、「萬屋《よろずや》」6店舗（青森市内2店舗、八戸市、弘前市、盛岡市、北斗市（北海道）に1店舗ずつ）と「リユース倉庫」1店舗（青森市内）です。2013年度現在、7店舗中6店舗で、合計16名の障がい者を雇用しています。

同社の障がい者の賃金は、法定最低賃金を下限とし、徐々に昇給していきます。そして「長所に光を当てよう」「できない自分を探すよりも、できる自分を探そう。一人ひとりの長所に光を当てて伸ばしていこう」をモットーに、より良い職場環境をつくりあげようと職場一体と

なって努力しています。２０１１年3月には、青森市内に「ドラゴンカフェ」をオープン。モーニングコーヒーからランチ、ディナー、バータイムまで、くつろぎの空間を提案し、「楽しさ」を追求した事業展開を続けています。

規模の小さい店舗から始める

ドラゴンキューブの障がい者雇用の責任者は平井博子専務です。前職は幼稚園教諭。勤めていた幼稚園が、健常者と障がい者の園児が集う青森市内初の幼稚園だったこともあり、同社の障がい者雇用が実現しました。平井専務は、タイミングが合っただけで、特別なことは何もなかったと語ります。

障がい者雇用の初年度は、障がい者へのきめ細かい対応ができるようにと、規模の小さい２店舗でそれぞれ1名雇用しました。翌年度には、既雇用の店舗から得られた経験を基に、大型店舗で知的障がい者3名を同時に雇用。さらに翌々年度には精神障がい者2名を雇用しました。

２０１２年度からは障がい者の職業能力開発事業にも積極的に取り組んでいます。この年、青森高等技術専門学校の依頼により、障がいのある生徒の実習を受け入れることになりました。現在、同校アミューズメント販売科の実践能力習得訓練コースに通う身体障がい者２名が実習しています。

このような取り組み姿勢が評価され、２０１２年9月には、平成24年度障がい者雇用優良事業所として独立行政法人高齢・障害・求職者雇用支援機構より「理事長努力賞」を受賞しました。

夢を熱く語ろう

ドラゴンキューブには「夢を語る会」という場があります。これは会社を通じてお互いの「夢」の実現を応援しようというものです。

数字のためだけにがんばる会社は、社員が疲弊するだけで、多くは長続きしません。そこで平井茂社長や平井専務が、社員、パート、アルバイト、すべての社員に向けて常に言い続けていることがあります。それは「夢にブレーキをかけないこと!」です。

会社にいる間、脈々と情熱が衰えることなく持続するのは、「夢」があるからにほかなりません。経営陣は、特にリーダーに対して「夢を熱く語れないとダメだよ」と言い続けています。リーダーが率先して夢を語ったり、語りかけたりしなければ、障がい者を含めたすべての社員が、「その夢の実現に向かって一緒にがんばろう」「その夢に一緒に乗ろう」と思わないからです。

ドラゴンキューブの店舗で働く障がい者Aさんの「夢」は、「自分で働いて、障がい者年金を受給しなくとも自分で生活でき、そして親の面倒をみること」です。その夢を共有した店長をはじめとする店舗メンバーは、Aさんに、夢の実現に向けてのキャリアステップアップを提案しました。Aさんはこれを受け、これまでのバックストックの仕事から、接客の仕事へとその領域を広げています。

あるときAさんは、障がい者のイベントで司会の大役を務めることになりました。その日は、ドラゴンキューブの研修日だったのですが、その忙しい研修時間の合い間を縫って、研修メンバー全員が花束を持ってAさんの応援に駆け付け、Aさんを盛り上げたのでした。

社員教育を通じた「自立型人材」の育成

「人材育成なくして会社の存在価値はない」と平井専務は言い切ります。社員、パート、アルバイト、一人ひとりの個に対して育成をしたい。すべての社員がモチベーションを上げ、生き生きと日々仕事に向き合うために、会社を通じた人材育成を行いたいといいます。

キーワードは、社員教育を通じた「自立型人材」の育成です。すべての社員が、会社とのかかわりの中で、なんとなく仕事をするのではなく、仕事を通じて社会の役に立っているということを感じてほしい。仕事を通じて自らの生き方を発見してほしい、自らの人生を切り開いていってほしい。

「仕事を通じ、どれだけ多くの社員が楽しい人生を送ることができるか、それが自分のミッション。そして社員がどれだけ喜んで、生き生きと働いているか、それが自分にとってのご褒美」と平井専務は言います。健常者も障がい者も関係なく、みんなが一緒に働きながら成長することで、同社の経営理念である「お客様、働く仲間に感動を創る」を実現させていきたいと考えています。（杉田光徳）

健康食品づくり――一枚の煎餅に感謝の気持ちを込めて

株式会社　小松製菓

おいしさの秘密は従業員の和

株式会社小松製菓は、岩手県二戸市に本社を置く南部せんべいの製造・販売会社です。創業は１９４８年。南部せんべいとしては後発ながら、現在ではトップ企業として業界を引っ張る存在になっています。

同社の社訓は「感謝と創造」であり、「1、もう一度会いたい人格を創る。2、もう一度食べたい製品を作る。3、仕事を通じて社会に貢献する」という3つの誓いがあります。お客様にいかに喜んでもらうかを考え、常に新商品を開発。事務所にある神棚の前には開発した新製品がずらりと並べられています。開発した製品の半分ほどが商品化されています。「従業員もお客様」という気持ちで接することにより「和」が生まれ、それが商品作りにも反映されると小松務社長は考えています。社員を大事にする小松製菓は、２００７年6月、(財)21世紀職業財団により「職場風土改革促進事業実施事業主」の指定を受け、働く環境のより一層の改善に取り組んでいるところです。具体的には、子育てを行う社員は、女性に限らず男性社員も両立支援制度を利用しやすくし、安心して仕事と家庭を両立できる職場環境・風土づくりを進めています。

誰かのお役に立てる喜びを感じつつ

20数年前、機械開発部門の社員が機械事故により右手に障がいを負うも、リハビリにより仕事場に復帰するという出来事がありました。それから後、小松さんは二戸市社会福祉協議会副会長となり、障がい者雇用に意欲を示すようになりました。１９８８年、養護学校から女性を採用したのが障がい者雇用の始まりで、今では地域の養護学校の実習生の受入先となっています。

現在、精神的な病気のある青年も雇用されています。当初、自助工房「四季の里」で2時間、3時間と少しずつ仕事に慣れてもらい、今では製造現場で元気に働いています。「本人がとてもやる気になったし明るくなった」と、親御さんから大変感謝されています。ちなみにこの青年は、創業者・故小松シキさんが、かつて大病を患い一命を取り留めたときに、たいへんお世話になった病院の婦長さんのお孫さんだということです。

ところで、この自助工房四季の里は、昭和60年代、当時の社長・シキさんが、「定年のない会社にしたい」という思いを実現するために始めた郷土料理店です。

今でこそ同社の定年は65歳（再雇用の場合）ですが、当時は55歳。まだ働けるうちに退職しなければなりませんでした。働けるうちは子どもたちの世話にならない、まだまだ人のために役に立ち喜んでもらいたい。そんな従業員の思いをかなえるために、シキさんが立ち上げたお店でした。

当時は定年過ぎの人たちにもできる、昔ながらの地元の食べもの、たとえば串餅、そばはっと（手打ちそば）、へっちょこ団子（中心部をへこませたお団子）、各種漬け物などを、地域の人々や社員に食べてもらうためのお店でした。そんなねらいから、田舎風のかまどなどがある施設になったのですが、その後マスコミが「定年のない会社」として世に広めてくれ、一般のお客さん多くなり、若い働き手も必要になってきて今風の食堂の形になったのです。

ちなみに、自助工房四季の名は、「シキ」さんにちなんだものです。シキさんは、この会社に関わった人たちとの「縁」と、会社を支えてくれたことへの「恩」を、何よりも大切にする人でした。

死の淵で「俺のアイデアを形にできるか」と問われて

先に紹介した男性開発部員がリハビリにより現場復帰しました。彼は一級技能士で、社長の提案するアイデアを形にしてきた実績をもっており、同社にとって無くてはならない存在でした。しかしその後、胃がんを患い摘出手術、さらに喉頭がんを患い声帯除去の後、喉に穴を開けての流動食状態となりました。医者から「もうダメだ」と宣告され、いつ死ぬのかというプレッシャーで夜も眠れない状態だったそうです。そんな時、小松さんが病室を訪れ、「俺が考えたアイデアを形にできるか？」と図面を見せたところ「できる」と。社長が置いていった図面をベッドの上で見て、どのようにしたら具体化できるかを考えているうちに、いつしか眠れるようになったとのこと。その後、今度は肝臓がんを患い、一部摘出手術後に再発しましたが、いつの頃か、ガンに効くといわれるものを服用するうちに消えてしまい、医者がびっくりしたといいます。この男性、71歳となった今でも小松製菓開発部門で機械開発、保守点検に従事していて、無くてはならない存在として元気に働いておられます。

実はこの男性社員の入院中、毎朝の朝礼で社長を先頭に社員全員が病院方向に向かって回復を願う祈りを実施していました。と同時に小松さんは、ガンに効くといわれるものを病院に届け続けました。この「あなたはうちに必要な人間なんだ」という祈りが効いたのか、ほんとうにガンに効く何かがあったのかは定かではありませんが、「自分は必要な存在なんだ」というプラスモチベーションには、ガン細胞さえ退治してしまう効果があるのかもしれません。

家族的雰囲気で経営

「感謝することや、真っ正直に生きることが大事。後ろめたいことはやらないし、誠実に生きるという精神で経営をしている」。小松さんは、優しさ、思いやりがおいしさをつくると考え、人と人のかかわりあいの深さを重視し、仕事を通じての人格づくり、人間性向上につとめ、社会に貢献することが、最も自然な生き方だと考えてきました。

同社は、退職した社員をも大切にしています、その証しが「小松幸せ年金」です。これは、60歳の定年時に20年以上の勤続年数がある人が対象で、支給は年2回。1回が最低2万円なので年間少なくとも4万円の支給（最高は8万円）があり、これが15年間支払われ続けます。

四季の里で退職者と会食をする際、必ずだれかが「うちの会社がね」と言ってくれることに喜びを感じる小松さん。「家族的雰囲気で経営していきたい」と笑顔で話します。

「小松製菓に勤めたすべての人たちに、『長く勤めることができてよかった』と思ってもらえる会社にしたい。そのためにやり続けたいことは、①地域で一番高い給料を払うこと、②小松幸せ年金の魅力ある拡充、③モラロジーの教育。これらを実施することで、地元になくてはならない企業になり、地域発展のために貢献していきたい」と小松さんは語ります。（村田光生）

家族のような愛情ひとすじ、障がい者雇用57年の学校体育着の専門メーカー

株式会社 クラロン

障がい者雇用率37・6％

福島市にある株式会社クラロンは、先代・田中善六社長の理念である「みんなが望む健康、みんなに優しいスポーツウエア」をモットーに、１９５６年に創業されました。学校体育着の専門メーカーとして、東北・北関東各県の学校１２００校や官公庁に品質のよい機能的な製品を提供しています。

創業時の従業員は17名で、この時すでに３名の障がい者がいました。その後、どんなに厳しい時でもリストラはせず、バブル崩壊の時も障がいのある従業員を一人も辞めさせないでがんばり抜きました。

現在、従業員は１２５名。障がい者は、知的障がい者と肢体不自由者が37名です（うち中重度が10名）。障がい者雇用率は37・6％で、福島ではトップの雇用率を続けています。

１９７１年、「障がいのある生徒が社会人として自立し、生涯にわたって働き続けることの

できる雇用環境を構築すべき」という信念のもと、先代社長は福島職業能力開発研究協議会をつくり、以来43年間、福島県の障がい者の雇用拡大に努めてきました。

同社の場合、生産現場の仕事は裁断、縫製、仕上げなどがあります。最初は簡単な仕上げの袋詰めをし、トレーニングを積みながら、徐々に適材適所で難しい仕事も任せていきます。現在、12班に分かれて仕事をしています。各班には7〜8名のメンバーがおり、健常者もいますが、そのうち3名の班長が障がい者です。

障がい者の技能五輪・アビリンピックには積極的に参加、ほとんど入賞を果たしています。

「この子をどうしても自立させてやりたい」

あるとき、先代社長のもとに、養護学校の先生が、「教え子を縫製工として雇用してほしい」と頼んできました。面接で話しかけても返事もなく、動作もゆっくりで弱々しかったので、先代は渋っていましたが、その先生は、「障がい者、特に知的障がい者は働きたくても、会社が雇ってくれない。私はこの子をどうしても自立させてやりたいんです。田中さん、どうか使ってみてください。この子にだっていい点はあるんです」と熱っぽく訴えてきました。

先代社長は、その先生の教育愛にとても感動しました。所属していた国際ロータリーの職業奉仕の精神にも合致すること、自身が戦争で耳の自由を失い苦労したことを思い出し、障がい者雇用の門戸を開こうと決心したそうです。

最初は、時間の許す限り1対1で仕事を教えました。何度も挫折感を味わいましたが、投げ出そうとする心にムチをうち、愛情をこめて接しました。採用して1年半後、仕事は遅いがまじめに黙々と働く彼女の隠れた能力を発見したことに、大きな喜びを感じたといいます。「だれにも必ずいい点はある」といった先生の言葉は本当だったのです。

彼女はその後、確かな縫製技術を身につけました。今は山形県で幸せな家庭生活を送っているそうです。

受け継がれる信頼関係

K君は自閉的傾向があり、情緒不安定で、時々奇声をあげることがありました。工場中に響く大声で「ワッ」と叫ぶので、一同が驚き恐れをなすほどでした。

そこで先代社長は名案を考えます。一緒に倉庫に入って二人だけで大声を出し合うということを始めたのです。すると、彼はさっぱりした顔で職場に戻り、仕事をするようになりました。このようなことを日に何度も繰り返しました。それは2年ほど続きました。その結果、奇声をあげることが徐々になくなったのです。その時の喜び、感慨はひとしおだったそうです。

そしてまた、新たな習慣が生まれました。それは、精神を落ち着かせるために、K君の肩を抱き寄せてトントンとたたいてあげることでした。この動作は、工場内でも好感をもって見守られました。彼は先代を見つけると「肩をたたいて」と催促します。トントンとたたいてあげると、ニコニコして仕事に就くのです。それは、先代が亡くなるまで続きました。

そしてある日、現社長（先代の奥様・須美子さん）が工場に入ってくるのを見つけたK君は、「社長さん、肩、肩」と言って寄ってきました。そして、突然「社長さん、がんばって」と言ったのです。

彼からこのような優しい、思いやりのある言葉が出るとは思っていなかった須美子さんは、一瞬びっくりして立ち止まりました。我に返って彼の肩をトントンとたたくと、彼は満足して仕事に戻っていきました。

K君が、夫を亡くした自分の悲しみをどう慰めたらよいか、彼なりに考えていたのだと思うと、とたんに胸が熱くなりました。まさか彼が先代にした動作を忘れないで、自分に引き継いでくれるとは思わなかったので、とても感激したそうです。

そばで見ていた従業員もほほ笑んでいました。この時、須美子さんは「主人が亡くなっても主人の命はこの子に伝わっている。今、彼を通じて主人の命は間違いなく、彼の心の中で生きている」と感じたそうです。

その夜須美子さんは、亡き夫に報告しました。「あなたが35年の長い間、障がいのある子どもたちの自立への道を聞こうと運動していたことは、ここに立派に引き継がれています、この子たちは社会人としてちゃんと成長してますよ」と。

障がいのある子どもたちの自立を助ける

少子化と3・11後の放射能の影響による子どもたちの県外避難などで経営は大変ですが、今も同社の心構えに変わりはありません。障がいのある生徒が社会人として自立し、生涯働き続けることのできる雇用環境をつくるという先代社長の経営理念は、そのまま須美子さんに引き継がれています。

障がいのある子どもたちにも、一人ひとりに特性が必ずあります。その子にしかない特性を見つけるのは、私たち周囲の努めであると須美子さんはこう続けました。

「世に『障がい者であっても仕事に障がいはない』という言葉がありますが、障がい者を保護するのではなく、働く機会を広げ、働く喜び、生きる幸せを感じられる社会をつくっていきたい」（笹尾佳子）

難病の役員に学び、障がいがあっても働きやすい職場をつくり、高度な作業に取り組む会社

株式会社　千代田技研

自宅を改造した小さな機械加工業からのスタート

ダイカストおよび機械加工技術を用いて、多種多様な金属素材を鋳造・加工する、従業員数90名ほどの会社が埼玉県川口市にあります。株式会社千代田技研です。

ダイカストとは、金型に高温で溶融した金属を高圧で注入し鋳物を作る技術のこと。千代田技研では、この技術で金型の設計から鋳造・仕上げ、加工までを一貫して製造し、生産管理することで他社との優位性を見いだしてきました。また最新の設備を導入することで他社では加工の難しい金属加工も可能で、これらを大量生産から多品種少量生産にまで対応できるラインを用意し、日々業務に励んでいます。約90名の社員のうち障がい者は8名で、雇用率は9％です。その内訳は知的が4名、聴覚が2名、視覚が1名、精神が1名。障がいの種類にかかわりなく採用を行っています。

創業は1968年で、現会長である鈴木静子さん夫妻が埼玉県鳩ケ谷市にある自宅を改造し

て始めた小さな機械加工業でした。その後少しずつ大きくなり、現在の本社工場に移転したのは1987年のことでした。現社長は3代目で、鈴木さんの娘婿にあたります。

私を幸せにしてくれたもの

千代田技研が障がい者雇用を始めたきっかけは、創業の頃にまでさかのぼります。得意先で品質管理を担当していた鈴木富夫さんという当時20歳の青年との出会いがきっかけでした。静子さんがその得意先を訪問した際は必ず富夫さんが対応してくれました。静子さんは「富夫さんの印象はとても真面目で、正直な方だった」と語ります。富夫さんは、千代田技研が徐々に成長し、日々の業務が忙しくなっていることを心配し、自身の勤める会社での業務が終わると千代田技研に手伝いにくるようになりました。

しばらくこの生活が続いたある日、突然富夫さんは「千代田技研に入社させてくれ」と頼みにきました。理由を聞くと、千代田技研の家庭的な温かさと社長夫妻の誠実さにひかれて、どうしても入社したくなったということでした。社長夫妻は前の会社にいた方が給料もいいし、待遇もいいことを説明しましたが、それでもこの会社に入りたいという強い思いを聞き、富夫さんの入社を受け入れました。

入社した富夫さんは「寝るところと食事があれば給料もいりません。できれば社長の家に住み込ませてほしいです」と言い、新しい機械を買うのに使ってほしいと前の会社の退職金まで手渡したのです。そのときの彼の気持ちが本当にありがたかったと静子さんは振り返ります。

入社した富夫さんは一生懸命に働き、誰よりも生産性の高い仕事をしました。そんなある日突然富夫さんが「目の前がぼやけて見えない」と訴えました。頭痛なども訴えましたが、それでも翌日は元気になり、通常業務をこなせたことからあまり心配はしなかったそうです。しかしその後繰り返し同じ症状が表れます。病院で検査を受けると、「ベーチェット病」という難病指定されている病気の診断を受けました。医師は、残念だが失明も時間の問題だという死の宣告に等しい診断を告げました。鈴木夫妻は「絶対に失明なんてさせない」と方々の病院を回り治療法を探しましたが、ついに富夫さんは失明してしまったのです。

失明当初、絶望の淵にまで追い込まれた富夫さんでしたが、鈴木夫妻のサポートと並々ならぬ自身の努力によって少しずつ仕事に復帰していきました。最初は電話番でしたが、徐々に機械を使った作業ができるまでになり、取引先の方が富夫さんの仕事ぶりを見ても、本当は目が見えているのではないかと思ったほどでした。その後、千代田技研の法人化に伴い、鈴木さんは富夫さんを専務取締役に置いたのです。

富夫さんとの出会いがあったからこそ今日の千代田技研があるといっても過言ではないでしょう。富夫さんは言います。「たとえ障がい者になったとしても働ける場があり、人様のお役に立つことができる。しかも収入を得られるという経済的自立と生きがい感は、私をとても幸せにしてくれました」。この気持ちを多くの障がい者に感じてほしいという思いで、千代田技研は障がい者雇用を進めていくこととなるのです。

いつまでも一緒に仕事をしていこう

今回、工場を見学させてもらった際、私は障がい者と健常者の区別がつかず、「障がいのある方はどなたですか」と尋ねました。すると私が健常者だと思っていた方を紹介されました。千代田技研では一人一人に合わせた作業を考え、工夫して働きやすい環境をつくるよう努力しています。彼が楽しそうでありながら懸命に作業に取り組んでいたから、とても障がいがあるようには見えなかったのです。忙しい工場内でしたが、とても温かい雰囲気を感じることができました。工場内の最も新しく、高価で安全な機械は障がい者が働きやすいようにつくられたものです。その機械を障がいのある方が操作していました。障がい者の方たちを信頼して、いつまでも一緒に仕事をしていこうというこの会社の思いが伝わってきました。

千代田技研は長年にわたる障がい者雇用が評価され、2013年、埼玉県障害者雇用優良事業所に認定されました。現在、すべての企業に障がい者の雇用が義務付けられていますが、達成できていない企業も多くあります。千代田技研が先進的なモデルケースとなり、障がい者とともに健常者の技能も心も育っていく企業が一つでも増えていくことを、切に望みます。（栗田泰徳）

ひとりひとりの個性が輝いてこそ、時代に適した価値が創造される

アニコム損害保険 株式会社

ペットを思う気持ちを共有

新宿から山手線で2駅目、高田馬場駅から繁華街を抜け神田川を渡ると、ペット保険のアニコム損害保険株式会社の本社があります。玄関を開けると、「いらっしゃいませ」と全社員が大きな声で迎えてくれます。オフィスはすべてガラス張りで、会議室の机もガラス製。入り口からはオフィス全体を俯瞰することができます。

同社の第一印象は、女性が多いこと。そして若い社員がいきいきと働く、躍動感を感じます。さらに広く見渡してみると、ブロンドヘアーの男性（米国国籍）がパンフレットのデザインをしている姿や、おそらく70歳を超えるであろう白髪の男性が若い社員を指導している姿など、「人財」の多様性を見ることができます。

創業者の小森伸昭社長は、「人、そして命は、それぞれ個性を持っている。その個性を尊重し相互理解を深めていくことがイノベーションの源泉」と言います。平均的な能力の社員ばか

り集めていては、これからの時代に適した価値創造はできないという強い信念です。

アニコムの朝は、「ペットはいません。家族ならいますが」という、全社員の唱和で始まります。同社では、ペットを家族の一員と思うお客様の気持ちを特に大切にしています。「種を超えて命あるものがお互いに理解し、ともに一つの目的に向かって力を合わせることで、これまで不可能と思われていたことが可能になる」というのが同社の経営理念なのです。

２０１３年3月末時点での社員数約３００名のうち、10名が障がい者です。実雇用率は２・８％に達しており、最近特に積極的に採用しているのが、アスペルガー症候群、うつ病、統合失調症などの精神障がいのある社員です。

アニコムらしく、普通に、自然に

創業パートナーであり組織人事を担当する百瀬由美子常務取締役は、大学時代に福祉を学んだ背景もあり、アニコムらしい障がい者雇用とは何かを真剣に考えていました。いきいきと障がい者に働いてもらえる環境をどのようにつくればいいのか、悩みや不安を抱えていたのです。

そんなとき、坂本光司氏が来社しました。坂本氏から障がい者雇用に取り組む会社の話を聞き、感動して涙した百瀬さんは「絶対にやろう。障がい者が目を輝かせて働く環境をつくろう」と決意します。そして坂本氏の下で学んだ社会保険労務士・小林秀司さんから障がい者雇用について学び、障がい者が働く現場を見て歩きました。そしてアニコムらしい障がい者雇用の進め方として「特例子会社をつくって特別な形で障がい者を雇用するのではなく、本社や支社に、普通に自然に障がい者が仕事をしている状態をつくり出す」という方針に至りました。

百瀬さんはまず、新たに「障がい者雇用率」を全社の経営目標にしました。断固たる決意の表明です。そして地域にある障がい者就労支援センターから障がい者を紹介してもらい、面接や一定の選考を経てから職場実習を行い、トライアルでの雇用から正規雇用へという流れで雇用数を増やしていったのです。小森さんも、「障がい者は、普通の人とは異なる個性や能力があり、例えば集中力が高く、作業が格段に速い」といった見解で、アニコムの「人財」多様化のためにも、積極的に障がい者雇用を進めています。

手話で「おつかれさま」

本社や支社の各部署で、普通に自然に障がい者が仕事をしている状態をつくり出すという百瀬さんの考えは、現場マネージャーなど社員にも浸透していきます。

事務サービス課という、お客様の契約を管理する部署に聴覚障がいのあるAさんが配属されました。アニコムは社員同士のコミュニケーションを特に大切にする会社であり、毎朝の全体朝会終了後は、部署ごとの朝会を行い、全体朝会の振り返りや当日の確認事項などを話し合います。マネージャーのBさんは、Aさんがどうしたら部署の朝会にとけこめるかを考えました。

考えついた答えはとてもシンプル。みんなで手話を使って朝会をしようというものでした。

事務サービス課は、新規の契約管理が増えており、社内で最も忙しい部署の一つです。その中で昼休みなどを利用し、みんなで手話を勉強して、朝会に手話を取り入れていきます。

今では、Bさんは日常会話を手話でできるまでに熟達しています。そして、業務時間が終了する時には、チームの全員が右手で握りこぶしをつくり、左手の手首から肘の間を2度軽く叩きます。「おつかれさま」という手話です。

輝く個性と多様な発想

日本の保険システムに危機感を抱き大手保険会社を脱サラした小森さんが、前身となるアニコムクラブを設立したのは２０００年のことでした。２００７年12月には金融庁から免許を受け、戦後初の独立系損害保険会社となりました。そして現在、ペット保険で国内シェア第１位の中堅企業に成長しています。

「ひとりひとりの個性が輝く組織」。小森さんの目標は実現されつつあります。従来から展開されてきた女性やシニアの活用、外国人雇用に加え、障がい者も、アニコムらしく、ごく普通に自然に働き、社内は多様な発想にあふれています。

少子高齢化時代を迎え、あらゆる個性が力を発揮することがますます重要になります。アニコムという小さな組織が、われわれに社会の未来像を提言しているかのようです。（富永治）

働きたいという気持ちを応援し、誰でも働ける会社へと進化し続ける

ＴＩＹ株式会社

働く環境に配慮したベアリングメーカー

ＴＩＹ株式会社は、主に自動車に用いるベアリングの生産やＯＡ機器に使われる軸受けの組み立てを行っています。大きな会社とは違う発想、着眼点をもち、独自の技術をもって多品種を少量生産しています。

社員は現在１００名で、そのうち障がいのある方は、聴覚障がい2名、精神障がい1名、知的障がい12名の計15名です。また高齢者も多く、最高齢は81歳。女性も多く働いていますが、突然休んでもペナルティーがないなど、育児中の女性でも働きやすい環境が整えられています。パート雇用が主体になっていますが、これは、障がい者、女性、高齢者にとって負担の軽い就労形態だからです。

工場では障がい者も女性も高齢者も、同じ空間で一緒に仕事をしています。機械化された複雑な作業を分割し、単純化し、そして自社で工具を開発するなどの工夫を凝らし、誰でも作業

できるようにしているのです。その上で、みんながしっかりコミュニケーションを取りながら作業をこなします。

ロボットではなく、自在に動く人の手と、それを助けるオリジナルの道具を使って作業することで、低コストでの組み立てと安定した高品質を実現しているのです。

受注の増加で作業の分担が必要に

ＴＩＹでは、製品の出荷工程において、組み立てた完成品をトレイに並べる作業があります。以前は、その工程は、組み立てや検査の工程担当の人が空いた時間に行っていましたが、受注が増えるにつれ、トレイに並べる作業に要する時間が多くなってきました。

小出晶子社長は、組み立てや検査工程担当の人には担当の仕事に専念してもらいたいと考えていたため、並べる作業の求人募集を考えました。しかし、トレイに並べるという単純作業では求人広告を出しても人は集まりそうになかったため、目が見えて手が動かせればこの作業はできるのではないかと考え、地元の養護学校へ相談に行ったのが始まりです。

障がいを持つ従業員が成長するのが楽しい

最初に養護学校から実習に来たのはダウン症の女性でした。受け応えもしっかりでき、言われた事もきちんとできたので、採用としました。小出さんは、これなら障がい者でも十分雇用できると思い、その後、養護学校から知的障がいのある2名を実習に受け入れました。

しかし彼女たちは、慣れない環境に泣いたり、お腹が痛いと言ったり、言われた事が理解できなかったりしたので、雇う側としてはなかなか積極的にはなれませんでした。

結局、彼女たちは卒業後、作業所に行くことになりましたが、作業所では、毎日働いても給料はお小遣い程度。お昼代を差し引かれると手元にはほとんど何も残りません。

彼女たちは家庭環境も恵まれず、生活保護を受けていましたので、養護学校の先生や民生委員の方が「なんとか少しでも手元にお金が残るようにできないか」と相談に訪れました。通常勤務をするにはまだ不安がある様子でしたので、小出さんは、「作業所に籍を置いたまま、週に2～3日TIYに出向する」という形での受け入れを了承しました。

作業所にはイベントなどの楽しみもあるため、そういうときにはそちらを優先することとし、勤務が彼女たちの負担にならないよう配慮しました。

会社では、挨拶や掃除などの指導担当に、当時70歳だった女性社員をつけました。その根気よい指導に、彼女たちも懸命に応えました。次第に仕事の量も増え、週に2～3日だった勤務日数を徐々に増やしていくことができました。彼女たちは、今でも一生懸命TIYで働いています。

障がいのある方同士で助け合うこともあります。自閉症の男性Aさんは、働きたい気持ちはあるのですが、体が疲れてくると突然床に寝転がったり、大きな声で騒いだりしてしまいます。

そういうときは家に連絡し、帰るという約束にしていました。

ある日、Aさんが工場で寝転がっているので、小出さんが「こんなところで寝転んではいけない。今日はもう帰りなさい。おうちに電話するよ」と告げました。すると、それを聞いていたもう一人の障がい者であるBさんが「ぼくがこの子を仕事に連れていくので、家に電話するのは待ってください」と言い、「A君、ほら起きてぼくと一緒に仕事に行こう」と持ち場へと連れていってくれたのです。

このような出来事は毎日起こります。いい事ばかりではありませんが、それぞれに成長する姿を見るのが小出さんの楽しみの一つです。「うちに来ている子たちは初めて来た時よりも成長している。それはすごいことですよね、社長」という社員の言葉を聞いたときは、そういう変化に気付いてくれたことがとてもうれしかったそうです。

小出さんは、この会社での仕事が、福祉的就労ではなく一般就労だということを家族にも理解してもらうために、今年は初めて親御さんを会社へ呼び、見学と親同士の懇親会を開きました。会社に任せきりにするのではなく家族も把握していてほしいので、連絡帳もほぼ毎日小出さんが書いています。

高齢者と障がい者に仕事と生活の場を提供したい

「障がい者をまず知ってほしい。たまたまできる能力がそれぞれ違うだけで誰でも同じ人。

特別なことではありません。生きることは社会とつながること。社会とつながる方法は働くこと。働きたいという気持ちの人を応援できる会社でありたい。だから誰でも働ける、働きやすい会社にしたい」と、小出さんは言います。

TIYでは、障がい者をどう受け入れるかよりも、その人自身の特性は何であるのか、どこを工夫したら作業しやすくなるのかを考え、アイデアを出しながら仕事を進めています。できない事を無理にやらせるのではなく、どうやったらできるかを考える、難しい専門用語を使うのではなく、誰でもわかる言葉を使うなど、少しずつ助け合い、補い合うという気持ちをみんなが持っています。アイデアと工夫、どんな事も楽しむという気持ちを大切にしているのです。

社会の高齢化が進む中、孤独死や独居老人を少しでも減らしたい。障がいのある方には生活面でも自立し生きる喜びを感じてほしい。そういう思いから、高齢者と障がい者に仕事と生活の場を提供することが小出さんの夢です。（福井琴美）

地域に愛され、人に優しい企業の思想を受け継ぐ特例子会社

さんしんハートフル株式会社

細やかなメンタル・サポート

さんしんハートフル株式会社は、三島信用金庫の特例子会社です。場所は静岡県三島駅から伊豆箱根鉄道に乗り換え、伊豆長岡駅から徒歩2分、三島信用金庫韮山支店横にある白い2階建ての建物です。

信用金庫のバックヤードともいえる業務として、小切手帳や手形帳の作成のほか、データ関連業務、名刺や社内資料、ポスターなどの印刷物の作成や製本、三島信用金庫各支店の清掃美化業務、さらには販売促進グッズの調製や袋詰め箱詰めなどを行っています。

管理社員以外の12名はすべて障がい者で、内訳は精神が2名、知的が10名。全員が正社員で、厚生年金基金にも加入しています。これは、将来一人になっても安心して暮らしていけるようにとの考えからです。定年は62歳。継続雇用制度も用意されています。

社員ひとりひとりの心の状態に気を配るため、毎日の朝礼や終礼時の様子で好不調をチェッ

クするほか、カウンセリングや隔月のストレスチェックを行うなど、細やかにメンタル面のサポートもしています。また保護者やハローワーク、障害者就業・生活支援センターなどとも連携し、定期的に連絡会議を行うなど、情報を共有しサポートできる体制を構築しています。

同社の森田記義社長は三島信用金庫の元役員。「障がい者自らが主役になり、持てる力を最大限に生かして自立した生活が送れるような雇用の場にしたい」と語ります。

創立100年の節目に

三島信用金庫の創業者大村善平さんは、同金庫を地域に愛され必要とされる信用金庫に育てた人物です。創業50周年を機に、社会で得た利益を社会に還元しようと社会福祉法人三信福祉協会を設立、自ら理事長に就きました。そうした創業者の志を受け継ぎ、2012年、創立100周年の節目として、地域で働く機会に恵まれない障がい者が「働きがい」と「生きがい」を実感できる場をつくるため設立されたのが、さんしんハートフルです。

同社顧問、職業コンサルタントの野田亘さんは、障がい者雇用のオーソリティー。長年の経験から、「時間がかかっても必ずできる」「障がいが原因なのではなく、経験や体験の不足からできないことが多い。やってみればできることの方が多い」と障がい者の可能性を訴えます。

設立時、同社の求人には86名もの応募がありました。そして採用後の教育のために、設立から創業まで6カ月間という長い準備期間を設けました。その間、採用された12名には仕事の厳しさや社会人としてのマナーを教育する一方、森田さんを含めた管理社員全員が事前研修を受け、障がい者に対する理解を深めました。実践訓練では、親会社のベテラン職員たちが各々の業務を新入社員にレクチャーしたとのことです。

ひたむきさに感銘した親会社の新入職員

三島信用金庫は、ワークライフバランスの推進で「静岡県労働局長優良賞」（２０１２年）を受賞するなど、静岡県内でも元気で職員にやさしい優良企業の代表選手です。こうした親会社の創業以来の思想は、同社にも脈々と受け継がれています。

同社では、社内イントラを通じ『ハートフルｎｅｗｓ』という情報紙を設立準備の段階から継続的に配信しています。「特例子会社とは？」「当社の事業内容」「他の特例子会社」などの記事、なかには「アビリンピックに出場しました」といった記事まで掲載されています。

親会社の新入職員20名を招いての環境美化体験研修も行っています。環境美化メンバーが行っている清掃業務を、新入職員も一緒に行ったそうです。その後寄せられた感想には、「正義感や責任感が強く自分の仕事を全うしており、見習わなければいけないと思った」「仕事に対する熱意や仲間を大切にする気持ちがとてもよく伝わった」「仕事に対する一生懸命さ、ひたむきさを学んだ」といった声が多数あり、新入職員が一様に、さんしんハートフル社員の真面目でひたむきな仕事への姿勢に感銘を受けたのがわかります。

今、私の手元には、三島信用金庫のキャラクターが刺繍されたかわいいピンクのタオルがあります。そこには「この製品は、私達がひとつひとつ心を込めて刺繍加工をしました。皆様に喜んで使っていただけるととても嬉しいです。さんしんハートフル」と書かれたシールが貼られています。お土産にいただきました。仕事の邪魔をしてしまったにもかかわらず笑顔で挨拶してくださる会社は、障がいのあるなしに関係なく素晴らしい会社に違いありません。

「ずっとここで働きたい」

環境美化チームの業務の中には、清掃のほか、担当する三島信用金庫各支店の周辺にプランターを置き花で飾るという業務が含まれています。実は、ここで使われる花々は、同社が三島市内の障がい者作業所に生産委託し栽培してもらったものです。障がい者の支援を障がい者が行い、ともに自立の一歩を歩もうとしています。

雇用された12名全員が「ずっとここで働きたい」と希望しているそうです。「自立した生活を送り、将来に不安を感じることなく暮らしてほしい。もっとできる仕事を見つけ、より高度な仕事にチャレンジしてほしい」と森田さん。「私たちが雇用してもすべてを賄いきれるものではありません。しかし私たちが障がい者を雇用し、働く場をつくることで、地域の起爆剤になればいいと思っています」と淡々と語る言葉に気負いは感じられません。（鈴木敏子）

障がい者の〝無限の可能性〟を追求しながら、急ピッチで多店舗展開をすすめる野菜鮮魚専門店

株式会社 八百鮮

2店舗で年商3億円

野菜鮮魚専門店の株式会社八百鮮は、お店が2店舗あり、社員5名、アルバイト6名、合計11名という会社です。この中に障がい者が4名おり、各店舗に1名以上配属されています。

1号店の開店は2010年12月1日、阪神野田駅近くの新橋筋商店街の中にオープンし、つづく2号店は2012年3月16日に、阪神千鳥橋駅近くの春日出商店街にオープンしました。この間わずか1年半と超スピードの店舗展開です。

このスピードオープンもすさまじいのですが、もっとびっくりするのは、商品の完売時刻と売上高です。この種の商売は、普通、夕方に忙しいのが一般的と思われますが、なんと八百鮮では開店直後から午後3時頃までがピークだそうです。私が伺った4時にはほとんどの商品は売り切れ状態でした。また、お店は間口2間、奥行きの長い店舗ですが、1号店ではオープンから半年後の一カ月の売上は1千万円に達成するという盛況で、次の2号店では、開店直後の

4月に、一カ月1千万円を売り上げたというのです。現在（2013年9月）2店舗の月商は2千5百万円、年商3億円。また、リピーター率は90％にも上るということです。

感動企業創設の夢

八百鮮は京都産業大学と大阪成蹊大学に学んだ3人の学生がスタートさせました。ゼミ主催の産学協働プロジェクト「経営パラリンピック」に打ち込んで「感動経営」を体験します。それは「世のため、人のためになる事業は絶対に持続して繁栄する」、また「人は誰でも無限の可能性を持っている」ということでした。これに惚れ込んだ3人は学卒後、一度はそれぞれ就職するのですが、その就職先に「感動」はありませんでした。そこで夢をどこかで実現しようと、3人は絶えず情報交換を行い、感動企業創設に向けて走り続けました。

そうしたことから業種、仕事内容はとくに考えず、むしろ開業資金が少なくてすむ仕事を選び、「結果として野菜と鮮魚の小売りに至りました」と市原敬久社長は語ります。しかし、就職後間もなかった3人に開業資金が充分あるわけもありません。運転資金や冷蔵庫等の設備資金も必要になりますし、結局500万円を借り入れて開業したのです。

一方、経営の方向性においては、かつて学んだ「人は誰でも無限の可能性を持っている」を信じ、今日の社会的弱者、例えば内向的な人、閉じこもり、うつ、障がい者など誰もが楽しく働ける場所の提供でありたいと考え創業したそうです。これは学生時代に学び研究した福祉革命を大前提に、それを実現できるかどうかの挑戦でもありました。そして、実際に行動を起こした3人は、この3年でそれを見事に達成しています。

お客様との対応の課題

順調な経営を続ける八百鮮ですが、困ったことは何かありませんか？と市原さんに尋ねました。すると、こんなエピソードを話してくださいました。満員のお客様で賑わっていたある日のこと、一人のお客様が「カニの脚が折れている」と値引きを要求したそうです。それはお店の入り口付近で起こった出来事で、お店の奥にいる社員に、大きな声で300円の値引きを要求したのです。お客様に対しては、社員のいるところまで行って、小声で聞いてくれればよいのにと思うし、お店としては、誰もが聞いている場で、少々のことで簡単に値引きをOKするのはどうかとも思い、このあたりも商売の難しいところだと話されます。

また、別なある日、魚を買いに来たお客様との出来事です。その日、魚はすでに売り切れていました。すると売り上げを上げるのに一生懸命な障がい者スタッフが、「野菜はどうだ、野菜はどうだ」とお客様に詰め寄る光景が見られたそうです。一般的には、「申し訳ありません、魚は売り切れです。この次お願いします」と、笑顔で対応する場面ですが……。

きめ細かな対応のステップアップが、これからの課題だとのことです。

無限の可能性を追求するために

あるひと月の実績を見ると、稼働日が26日、1号店の売上は1千568万円余り、2号店は1千847万円強でした。単純に計算して一人あたり1日12万から14万円ほどになります。

この売上からみても、障がい者と健常者が同等な働き方でなければ「一日は終わらない」と言えるでしょう。これが、障がい者であってもなくても「出勤日数は同じ、給与も差はない」という考え方が基本になっている理由です。つまり「あなたは障がい者ではない」と位置づけ、仮に不足の部分があったとしても、周りの人が補佐することによって一人前と見立てる考え方です。これは、「無限の可能性に挑戦させる」よい機会であると同時に、社員同士のさらなるコミュニケーションが必要になり、さまざまな努力を引き出す最も有効な方法ともいえるのだそうです。市原さんは「私たちは障がい者を健常者の仲間にいれ、障がい者を特別扱いしない考え方を取り入れて経営しています。もし、その逆であったとするならば、〝無限の可能性〟など、とても追求できないし、当初の目的は達成できないでしょう」と語ります。

来春には3号店の開店、10年後の売上は30億円が目標。現時点の10倍ということになり、社員数110名、うち障がい者40名、店舗数20の計算になります。これからも、1店舗あたり障がい者を含めた5～6名で、店舗数を増加させていく方針だそうです。(山内忠行)

「世界最高を、お届けしたい」というメッセージのもと、障がいのある方も楽しめるテーマパークを目指して

株式会社 ユー・エス・ジェイ

大型テーマパークを支える力

株式会社ユー・エス・ジェイは、大阪市此花区にあるテーマパーク「ユニバーサル・スタジオ・ジャパン®」の運営を行う会社です。2014年6月1日現在の社員数は約2600名（フルタイム準社員を含む）、うち障がい者は78名（雇用率カウント数93・5名）です。この組織の中には、非常に多くの職種があり、障がい者も幅広く活躍しています。ここでは勤務する障がい者の大半が所属する3部門の業務を紹介します。

お土産物の販売店舗を運営するマーチャンダイズ部では、物販店舗倉庫に納品された商品の受け入れ、荷さばきや倉庫整理、店頭への商品補充などを担当。本人のスキルによっては、ゲストサービスやレジ対応なども行っています。

飲食店舗を運営するフードサービス部では、調理や食器洗浄、またポップコーンバケツやドリンクボトルにストラップを付けるなどの軽作業を担当しています。

アトラクション運営や制服管理、清掃業務やセキュリティーなどパーク全般の運営を担当するオペレーション部では、1日数千人の勤務者が利用した制服管理（破損の有無やポケット残存物チェックなど）や洗濯業務、パーク内清掃の補助的業務としての洗濯作業やゴミの分別作業を行います。夏の暑い時期には1日5万本以上のペットボトルが回収され資源としてリサイクルに回されます。また大型掃除機を利用した従業員施設の清掃作業、ゲストの拾得物の回収、管理作業など幅広い業務に就いています。

入社するほとんどの方は就労経験がなく、それぞれの部門に配属されてトレーニングを受け、経験を積んでいきます。その後、本人の希望、特性に沿ったステップアップ、スキルアップが検討されます。

その他に、間接的な就労サポートとして、地域の作業所に塗装業務などの業務委託を行っています。支援担当者に同社の塗装技術者が技術を伝授し、支援担当者から作業所のみなさんに技術を伝授することで、ペイント技術が身に付く機会となります。また、作業所で作られたパンやクッキー、アロマ製品などの授産品を販売するスペースとして、月1〜2回程度クルーカフェ（従業員食堂）を提供しています。

障がい者雇用率　目標は6％

2001年3月にユニバーサル・スタジオ・ジャパン®がグランドオープンした当初は第3

セクターとしてのスタートであったため、障がい者雇用に関しては大阪市に協力する立場から早々に法定雇用率の達成を目指しました。

そのため、２００1年に各部からメンバーを選任し「障がい者サポート委員会」を立ち上げ、同年９月にはハローワーク主催の「障がい者フェスタ２００１」に参加し、障がい者の採用活動をスタートしました。グランドオープンした年ということもあって非常に多くの応募があり、選考を重ねた結果、最終的に約30名を採用しました。その際の入社者が現在も14名在籍しており、勤続12年を超えました。

特例子会社の設立についても議論はありましたが、「共に働き共に成長する」という基本姿勢のもと、現在に至るまで障がい者のインクルーシブ雇用が続けられています。グレン・ガンペル代表取締役社長が「法定雇用率の2倍の雇用を目指す」と決め、これをきっかけとして雇用が一層進み、２００８年に2・24％だった雇用率が、２０１３年6月1日現在は３・40％となりました。社長のメッセージが社内の意識を大きく変えたといえます。

ユニバーサル・スタジオ・ジャパン®は毎年新アトラクションの投入や、新エリアのオープンを行っており、常用雇用労働者が増加の一途をたどる中、障がい者雇用率は上昇し、２０１１年以降は３％をキープしています。さらには、障がい者は国民の６％を占めるといわれていることから、それと同数の６％の雇用を目標としてサポート体制を強化しています。

人生のサポート

人事部には「障がい者サポートチーム」があり、採用から在職中の就労、生活支援を3名専任で行っています。そのチームに2013年7月、自ら社内異動を希望して配属された多田さんという男性がいます。

「小学生のとき、遠足で同じ班になった知的障がいのある子の気持ちが理解できず、その子に肩を噛まれたことが障がい者に関心を持つきっかけになりました」。多田さんはその後、福祉系の専門学校に通い、障がい者にかかわる仕事を望みましたがかなわず、福祉の現場から離れた生活を送っていました。しかし専門学校の同期たちが福祉分野で活躍している姿を目にし、話を聞くにつれ、「いつかは障がい者にかかわる仕事を……」と思い続け、昨年たまたま目にした社内求人に思い切って応募し異動しました。

多田さんと一緒に、障がいのある方が働く現場を見学していたときのことです。一人の障がいのあるクルーとすれ違いました。多田さんは「今、腰に手を当てながら歩いていたけど、腰が痛いのかな?」と近づいて行きました。このときは「腰に手を当ててポーズをとって格好つけていただけ」と笑い話で終わりましたが、普段から相手のことを考え、観察し、しっかりとコミュニケーションを取っているからこそ、顔色が悪いとか元気がないなど、変化に気付き対応できるのでしょう。

マーチャンダイズ部に、知的障がいのあるAさんという女性が勤務しています。入社当初の彼女は非常にコミュニケーションが苦手で、反応はあいづち程度、声も小さく聞き取りづらいような状態でしたが、そもそも真面目で一生懸命な性格から、任された業務を確実に責任を持って果たし、周囲から信頼され、頼られる存在になっていきました。少しずつ自信を持てるようになり、それに比例してコミュニケーション力も確実に上がりました。今では自分から上司に相談ができますし、ランチブレイクも同僚クルーと一緒に過ごしています。業務能力も着実に伸び、今では必須の人材として活躍しています。

多田さんと同じチームの瓜生主任は、「Aさんが成長する姿には驚いたり、感心したり、教えてもらったことがたくさんあります」と語り、こう続けました。「障がいのある人たちが、仕事を覚え、技術を習得し、そして能力を発揮し戦力として活躍する。職場での人とのつながりが生活の広がりにもなる。少しでもその助けになれたのであれば本当にうれしい」

彼女の話から、障がい者を雇用し、サポートするという仕事は誇りとやりがいがあると感じました。

誰もが楽しめるテーマパークづくり

株式会社ユー・エス・ジェイでは、障がい者雇用のほかに、ニート層、児童養護施設出身者、就職困難者や多様な個性のある方々の実習、雇用を積極的に行っています。

様々な個性、ハンディを持ったクルーと日常的な接点を持っていることが、例えば障がいのあるゲストがパークに来られた際の対応にも生きてきます。ユニバーサル・スタジオ・ジャパン®は、「障がいのある方も楽しめるテーマパーク」を目指しています。(今野剛也)

人が集う大樹、楠《くすのき》になぞらえた理念、障がい者と共に泣き、笑う、ふりかけメーカー

三島食品 株式会社

障がい者、健常者の分け隔てなく

広島で、「ふりかけ」に携わり65年。三島食品株式会社は、ＪＲ広島駅からひたすら瀬戸内海に向かい車で20分ほど走ったところに本社工場があります。創業は１９４９年、現相談役である三島哲男氏が三島商店として開業しました。現在の主事業は、ふりかけ・レトルト商品の製造販売で、社員数は４００名です。

同社の商品でとりわけ代表的なふりかけが「ゆかり」です。古今和歌集に「紫のひともとゆゑに武蔵野の草はみながらあはれとぞ見る（むらさき草が一本咲いているという〈縁〉だけで武蔵野の草花が、皆愛おしく身近に感じてしまう……）〜詠み人知らず〜」とあります。「縁（ゆかり）」のあるものとして、むらさき草が詠われているところから、「ゆかり（縁）の色」とは、「紫色」をいうようになりました。「ゆかり」はそれにちなんだ名ですが、その鮮やかな色と食欲をそそるさわやかな香りが人気の理由です。

本社工場の正門に入るとひときわ目立つのが、右手にそびえる大きな楠です。晴れの日も雨の日も、変わることなく成長を続け、大地にどっしりと根を張り、葉を茂らせているこの楠は、人が集う大樹です。「人を大切に」をモットーとする三島豊社長は、「障がい者、健常者の分け隔てなく、共に志高く」との思いで、その楠を優しく見守ります。

同社が障がい者雇用を始めて三十年近く、三島さんはこう言います。「障がい者の職場定着は、本人のやる気と社員の理解の両方によって成り立つ。自分が世の中や会社、そして会社の先輩方の役に立っている、職場で必要とされているという気持ちを引き出すことと、何をやってみたいかを把握しながら、心に負担がかかっていないかを配慮するのが重要」だと。

それぞれがもてる能力を発揮して

同社の障がい者雇用は、本社工場から歩いて10分ほどのところにある広島県立広島南特別支援学校からの依頼で、ろうあの方を一人採用したことから始まりました。

初めて採用されたBさんは、いまや勤続30年を超えます。「最初は、同僚と話すときは口の動きを見ながら会話の内容を理解していましたが、今は、マスクをするようになったため、筆談や手話通訳の方を通して会話をしています。朝礼での班長さんのあいさつはメモを渡すなどしてもらって理解しています。今では、工場内に作業工程を認識できるようパトランプタイマーを設置したり、作業場の掛け持ち時に孤立しないよう、他の人と連絡を取るためのバイブレーター機能付きのコールブザーを設置したり、事故や異常があったときのために、それぞれ笛を持って作業にあたったりしています。初めの2年くらいは仕事を覚えることが大変で不安になりましたが、今は自信を持って仕事ができて楽しいです」とBさんは話します。

障がい者雇用を始めた当時、知的障がい者の方が袋詰め作業に携わっていました。小袋を大袋に5つ入れる手作業です。健常者がこの作業をすると、雑念が入り必ず間違えます。しかし障がい者の社員は、手の指の股に入れて確実に作業をします。左手の指の股に、いち・に・さん、右手の指の股に、よん・ごを繰り返し、確実に集中して仕事をしてくれます。現在では障がいを持った方が能力を十分発揮し、チームリーダーになれるくらいの人もいます。

仕事と共に、スポーツ面での活躍も華やかです。全国ろうあ者体育大会でもボウリング部門で入賞し、今後は他部門での活躍も楽しみになっています。

また、すでに10名以上の社員が自発的に手話を習得し、手話通訳の方を外部よりお願いすることは特別な場合以外はなくなりました。

社員一人ひとりが主役

昨年、新卒で入社したK君は、特別支援学校の企業現場実習で、同校の先輩が働く姿を見て、「かっこいい。自分もこんなふうに働いてみたい」と感激し応募したといいます。

入社の希望がかなったK君。彼は入社初日に、朝礼の司会（仕切り役）を社員全員が順番でやっているのを知って、突然手話で宣言したそうです。「自分も司会をやりたい」。まわりの社員はびっくりです。そして、いよいよK君の司会の順番の日が回ってきました。あの楠の前で、ラジオ体操のあと全員が整列しました。K君が前に立ち、手話で挨拶をします。「おはようございます」「今日の心がけとして、折れたチョークなど物の由来を知り感謝して使いましょう」と、堂々と司会ができました。拍手喝采。朝礼をやり遂げました。三島さんが言う「社員一人ひとりが主役」の言葉そのものです。

袋詰め担当をするMさん。健常者同士で話をしていると、Mさんは、自分の悪口を言われているのではないかと不安にかられ、ふさぎがちになっていました。それを見た社員が、障がい者の方をもっと知ろうと、声かけに努め、手話を学習し始めました。用事があったらすぐに話をすることを心がけ、コミュニケーションを深めるために、心かよわす筆談も始まりました。「ねえねえ、昨日のドラマあの主人公はカッコイイねえ」とか「サッカー日本代表が決まったね」など普通に会話を楽しみます。目があったら話す、ということを繰り返すうちに仕事以外でも話すようになったそうです。

三島さんには、ちょっと悔しいエピソードもあります。数年前に、ろうあの女性を採用し仕事をバリバリしてもらっていました。しかしあるとき、聴覚障がいに視覚障がいが加わった彼女は「仕事が続けられない」と言ってきました。三島さんは何とか続けてもらおうと説得しましたが、最終的には退職することになりました。彼女はその理由を、「福祉の仕事であれば、自分の体験を伝えられ、社会貢献ができるので」と語りました。「これ以上ここで働いては迷惑をかけてしまうと、彼女は考えたのでは。そう思うと、とても残念で悔しかった」と三島さんは回想するのでした。

雇用の舞台をさらに広げて

2001年より「ゆかり」のパッケージに点字が入るようになりました。「近い将来にはほかの商品にも点字を入れていきたい」と三島さん。また、現在は聴覚障がい者・視覚障がい者・機能障がい者を雇用していますが、将来的には重度障がい者の雇用へと広げることが目標だそうです。

健常者も、障がいのある方も特別扱いはしないことが、三島さんのモットーです。障がいがあるなしにかかわらず、一人工は一人工、適材適所で働いています。「やりたいことを自由に、やりがいを持ってやってほしい。仕事にやりがいさえ感じられれば、長く働き続けることが可能です」と三島さんは力強く話してくれました。（土谷弘江）

障がい者とともに激しい生存競争を生き抜き今も大家族的経営を続けるリネンサプライの会社

長崎基準寝具　有限会社

参入障壁の高い業界の中で

九州は長崎にあるリネンサプライの会社、長崎基準寝具有限会社。そのスタートはどこの町にでもある一般のクリーニング屋さんでした。1955年に長崎市内で創業し、それから間もなく病院寝具業者として認可を受け、信用と実績を重ねながら少しずつ事業を拡大。創業から13年後の1968年、現在地に病院寝具、ホテル寝具のリネンサプライ業としてのクリーニング工場を建設するに至りました。

しかし、同社もけっして順風満帆でここまで辿り着いたわけではありません。リネンサプライという仕事は経済成長の影響もあって需要の高まりはありましたが、手放しで業績が上がるような業種ではなかったのです。

大手業者の既得権益が強く参入障壁の高い特異な業界でもあり、その競争は激烈で悪戦苦闘の毎日でした。そのような状況の中、1979年東京の大学を卒業し都内で就職していた現社長・森田泰《やすし》さん（当時23歳）が跡継ぎとして会社に加わったのです。

偏見も差別もない雇用

現在同社では、70名の社員のうち24名もの障がい者を雇用しています。ではそもそも障がい者を雇用するきっかけはいったい何だったのでしょう。

ちょうど森田社長が入社した頃は約20名の社員が工場で働いており、その中に下肢障がいと聴覚障がいのある社員が2名いたそうです。最初に障がい者を採用した先代（現会長・森田三千雄さん）にその時のきっかけを伺ってみたところ、「特別なことではないでしょう」という意外な答えが返ってきました。〝社員求む〟のチラシを見て応募してきてくれた人に対し、偏見も差別もなく雇用しただけで、特別扱いすることもなく、仕事内容も待遇もほかの社員と同じにしていただけのことだというのです。

先代のこの姿勢は、入社したばかりの現社長にも大きな影響を与え、翌1980年から障がい者の受け入れは加速していきました。暑くつらく大変な仕事にもかかわらず「働きたい！」という一心で、愚直なまでに仕事をする彼らの姿に心を打たれていったからでした。

こうして入社した障がい者の成長とともに、当時はまだ20代だった現社長を中心にして会社も成長しはじめます。

「大家族的経営」への転換

当初は聴覚障がいや身体障がいの方の雇用から始まりましたが、ある事件をきっかけに知的な障がいのある方の雇用にも本格的に取り組むようになりました。

その事件とは1982年に長崎を襲った〝長崎大水害〟です。この水害の半年前に、訓練生として知的障がいのあるA君が工場にやってきました。引っ込み思案でコミュニケーションもうまく取れず指示もうまく理解できませんでした。中学校の支援学級を出てからは実家の農業の手伝いをしていただけの子です。

この大水害で会社は1mの浸水被害を受け、汚泥は工場内にびっしり約30㎝堆積していました。当然汚泥はスコップで掘り起こし一輪車で外に捨てにいかなければなりません。9日間毎日この繰り返しでやっと業務再開に至りましたが、実はこの間、一輪車の操作はA君一人がやってくれたのです。実家での農作業の経験が役に立ったのでした。器用に一輪車を操作する姿を見て社員たちは、毎日彼をほめました。毎日ほめられるので毎日笑顔でがんばり内向的でおとなしかった彼はその後すべての洗濯機械を操作できるまでに成長したのです。

この経験から「人は障がい者や健常者にかかわらず、ほめられればうれしいし、期待されれば応えようとがんばってくれる」ということに確信を得た現社長は、その後身体の障がい者だけではなく知的障がい者の雇用にも積極的に取り組むようになりました。

障がい者の雇用を進める中で就業環境の整備はもちろん大きなテーマのひとつです。しかし同社では障がい者が気持ちよく仕事ができてその能力を発揮しやすい環境とは、実は「障がい者と健常者の区別を一切せず同じ仕事をしてもらうこと」だと説いてます。もちろん職種によっても違いますが、必要以上に過保護にせず平等公平に接することが、最も大切なのだと断言するのです。

しかしこれは健常者の社員の精神的な成長があったからこそできることでした。この会社では障がいの有無にかかわらず賃金は同水準だったため、一部の健常者は待遇に対して不満を抱えていたのです。解決策は大家族的経営でした。

現社長は社員を集め、健常者は障がい者を自分の子どもだと思って接してほしい、と話しました。家族だと思えば腹を立てることもなく、子どもだと思えばかいがいしく教えることも苦にならない。そうすることで、逆に必要以上に過保護にすることもなく、自然に言うべきことは言い、叱るときは叱り、ほめる時はほめる。平等公平な土壌が形成されていきました。その結果、障がい者も戦力として惜しみなく仕事をしてくれ、健常者も負けずにがんばることで全体のレベルは年々上がり筋肉質な組織へと成長を遂げていったのです。

この会社の方針は、どんな障がいを持っていても最低賃金以上を支払い、社会保険厚生年金に加入させ、応分な税負担を当たり前にさせる、ということですが、それは障がい者の作業効率が上がり、合わせて健常者の生産性もアップした相乗効果によるものにほかなりません。まさに障がい者も健常者も会社もみんな一緒に成長してきた証しなのです。

「共に働く」から「共に生きる」へ

現社長が入社した翌年に採用した第1号の聴覚障がい者の女性社員はその後、工場長と結婚しやがて出産育児を経て再び会社に戻ってきてくれました。現在は父母子の3人が一緒に工場で仕事をしています。大水害の時に活躍したA君もすっかり白髪頭になりましたが、いまだに元気に働いています。社長は、この大家族的経営を貫きつつ、今後は地域と障がい者に恩返しができる企業にしていきたいと考えています。具体的には身よりのない障がい者のためのグループホームやデイサービスの提供です。そのために工場裏手の土地を購入し総面積1260坪を確保しました。

2012年からは障害者のための就労継続支援A型施設としてNPO長崎自立支援センターを創設しました。後継者の専務・森田誠士《たかし》さん（30歳）も社長同様、入社後一度も休むことなく毎朝5時半には出社し、一日中障がい者と共に汗を流す毎日です。

社長曰く、「今までは共に働くでしたが、これからは共に生きるということを意識していきたい」と思いを語ってくれました。仕事のできるうちはしっかり仕事をしてもらい、定年後もここで生活できるような事業体として、総合的な障がい者福祉サービスを提供することがこれからの同社の夢なのです。（門田政己）

第3章

なぜ職場がうまく回るのか

月額7万円の所得保障を目指し、障がい者も高齢者も、震災ですべてをなくした人も、ともにいつまでも働ける仕組みをつくる

社会福祉法人　はらから福祉会

高い付加価値を生み出す商品をつくる

仙台から東北本線で30分、宮城県柴田郡柴田町に事務所を構える「はらから福祉会」は、宮城県内に8つの就労支援事業所を運営する社会福祉法人です。現在では売上4・5億円、利用者300名強を職員80名前後で支える組織です。利用者の90%以上は知的障がいのある方で占められています。

当社を一躍有名にしたのは、その主力施設「蔵王すずしろ」を年商1億円にまで成長させた豆腐づくりにあります。一般的な豆腐の値段が一丁100円程度のところ、一丁200円以上で売れる「にがり豆腐」を生産販売し、成功を収めています。凝固材として扱うのが難しいとされる「にがり（塩化マグネシウム）」を使用し、10年かけて安定製造を実現したのです。

その難しい作業工程を細分化し、単純作業化することにより、働き手としての障がい者の方

の出番をつくり、機械化にはない手づくりの大豆風味を実現し、高い付加価値の商品提供を行っています。

現在では、豆腐づくりのほか、豆乳、ゆば等の大豆加工事業、レトルト、水産加工、牛タン加工事業などにも進出しています。中でも２０１３年７月新規に進出した牛タン加工事業は、地元仙台にて志をともにする食品企業との提携事業として成立しました。その食品企業は、食品の衛生管理システムとしてＨＡＣＣＰに基づく厳しい自主管理を行っており、今回の提携により同社も、同レベルの管理基準を満たしていくことが必要となりました。

その事業進出について、同社創設者である理事長の武田元さんはこう語ります。「難しい工程を要する高付加価値を生み出す商品こそ、人を惹きつけやる気を起こさせる。それは障がい者も同じです」と。

複雑な工程を細分化する

１９７０年、宮城県立船岡養護学校の教師になったばかりの武田さんが、見学に訪れた入所施設で目にしたのは、１カ月働いて手にする給料が１万円に満たない障がい者の現実でした。その時、驚きを通り越し憤りすら感じたといいます。

１９７０年代に入り、日本をオイルショックが襲います。養護学校の卒業生からも解雇者が大勢出ました。解雇された卒業生らは在宅生活を余儀なくされたのです。一番身近な家族にさえ遠慮して生きる姿、それが彼らの現実でした。そんな姿を前に、武田さんは1979年、同僚の教師と「柴田町障害児者の問題を話し合う会」を発足します。これが「はらから福祉会」の前身となったのです。

「障害児者の問題を話し合う会」から「はらから会」、そして「はらから福祉会」へ、その理念も引き継がれていきました。さまざまな議論、検討を重ねる中で、この世に生を受けた限り、障がい者も健常者も同じ人間として当たり前の暮らしを保障されなければならず、それを可能とするのは付加価値の高い仕事をすることだとの結論に達しました。武田さんは、「付加価値はどうすれば生み出せるのか。私たちは創意工夫と困難さへの挑戦であると考えます。障がいがあるというハンディを創意工夫と挑戦で乗り越える。そんな仕事をすべきだと考えました。その一つが、にがり豆腐への挑戦でした」と語ります。

にがり豆腐製造への道程は決して生易しいものではありませんでした。まず、障がいからくる生産上の限界をどう乗り越えるか。一般的に障がいを抱えた人の仕事には限界があると捉えられます。だから単純作業しかできず低賃金に陥ってしまいがちです。しかしながら、単純作業しかできないのであれば、そこを工夫して高賃金へのスパイラルをつくれないかと武田さんは考えました。

どんな複雑な工程も細分化していけば単純作業となり、高度な技術が必要となる部分は限られてきます。高度技術を要する部分は技術を習得した健常者でカバーすることで、大半の工程を障がい者がこなすことが可能となるのではないかと考え実践しました。そして、10年間の不断の努力が実り、難しいといわれた「にがり豆腐」の安定製造は完成しました。それを障がい者がつくるのです。

創意工夫と困難さへの挑戦

「大変なことを成し遂げてこられましたね」と口を突いて出た私の言葉に、武田さんは「いまだ何も成し遂げてはいません」と表情を引き締めて答えました。そして、こんなことがあったと話し始めました。武田さんが視察である施設を訪れた時、ある重度の身体障がいのある方が話しかけてきました。「施設に通い始めて20年、建物も新しくなり職員も増えました。しかし変わらないものが一つだけあります。それは私の給料です」と。その言葉を聞いた時、「自分たちは結果を出さないといけない」と武田さんは覚悟を決めたそうです。20年待ったこの人のように何年も待たせてはいけないと。

一人月額7万円の所得保障を掲げてきた「はらから福祉会」では、利用者全員の月額給料の平均が5万円を超えるまでになっています。中には月額10万円以上稼ぐ人も出てきています。しかしながら、「すべての利用者が月額7万円以上の給料をもらっている状態にならないうちは、目標達成とはいえないのです。これは数年内に必ず達成するつもりです」と武田さんは言います。

働くことにおいて、障がい者も健常者も同じであるという理念が「はらから福祉会」には浸透しています。人は皆、老いてゆき、いつかは障がいのある身になるのです。高齢化が進む今日の世の中においては、人がいつまでも働ける仕組みをつくっていくことこそが重要です。

武田さんは、「障がいのある方への7万円の所得保障を完全に成し遂げられたらという前提で」と前置きして、次のように語りました。「はらから福祉会の今後の夢は、障がい者も高齢者も、そして震災ですべてをなくした人も、ともにいつまでも働ける仕組みをつくることです。これまでと同じく、創意工夫と困難さへの挑戦です」

武田さんの目には夢ではなく、達成目標が映っていたような気がしました。(亀井省吾)

大企業の本業に携わりながら、障がい者雇用の可能性を切り拓く職場

ふぁみーゆツダコマ　株式会社

大企業の仕事に携わる

ふぁみーゆツダコマ株式会社は、石川県の金沢駅から車で20分くらい走ったところにあります。

東証1部に上場する金沢の名門企業「津田駒工業株式会社」の子会社で、北陸では初めての特例子会社です。17名の社員のうち、知的5名、肢体6名、計11名の障がい者が働いています。

津田駒工業は、繊維機械に関しては世界のトップシェアを誇る大企業ですが、ふぁみーゆツダコマを通して障がい者もその機械の製造に関する様々な仕事を受け持ち、重要な役割を担っています。

このように「本業に携わる」ということが、同社の障がい者雇用の大きな特徴です。

事前調査と実習の成果

ふぁみーゆツダコマ誕生のきっかけは、津田駒工業の人事担当者の思いが社長を動かしたことにありました。

数年前、その人事担当者は他社で特例子会社を見学し、障がい者の就労意欲を知りました。その年、ある会社の障がい者雇用に関する講演会に参加したところ、偶然同じ会場で社長に出会ったのだそうです。その場で、「私たちの会社でも、障がい者を積極的に雇用できないかと思っています」と話すと、社長も同じ考えで、「いつか自分たちの会社でも実現できれば」と二人で話したことが出発点でした。

最初は戸惑うことも多々ありました。人事担当者自身、障がい者がイキイキと働くためにはどんな仕事をしてもらえばよいか、全くイメージができなかったのです。また、特例子会社という形態が本当にいいのだろうかと悩んだ時期もあったそうです。

そこで人事担当者を中心に設立準備室を作り、メンバーが県内の特別支援学校を視察し、特例子会社でどんな業務を行えばよいか、特に知的障がいがある生徒にどのような能力があるのか、などをつぶさに調査しました。

そんなとき、タイミングよく短期間の事務軽作業の人手が必要な状況になり、「障がい者に任せてみよう」と実習を行うことになったのです。

心配もありましたが、日々地道に作業に取り組む実習生の様子を見て、周囲の従業員の障がい者に対する見方も変わっていきました。

しかし、まだ会社を設立するほどの条件が整っているとは言えませんでした。「こういう仕事で本当にイキイキ働けるだろうか?」「継続的に仕事があるのだろうか?」「やりがいはあるのだろうか?」という不安があったのです。

その後、特別支援学校生に本業である製造工場内での実習を行いました。当初は、「製造工場内に入場させるのは危険では?」「障がいのある子とどう接してよいかわからない」という作業者からの声もありました。しかしプロジェクトメンバーの製造担当のグループ長には、障がい者に本業を任せたいという思いが強くありました。根気強く、作業者たちに協力を求め、実習を続けさせました。

すると、毎朝、誰よりも早く出勤し、勤務時間中は黙々と仕事を続ける実習生たちの真面目さに、周囲の声も「次の実習はいつ来るの?」と変わっていったのです。同時に、本業を任せることに対する不安も徐々になくなり、本業の切り出しの作業の工程を行っていくようになりました。

動かない腕が動いた

もちろんすべてが最初からうまくいったわけではありませんでした。実際、私が出会ったA

君は、ボルトの仕分けをお願いしても、最初は本数を正確に数えることもできなかったそうです。そこでスタッフの人たちが工夫して、小さな箱を使った仕分け器を手作りしました。現在は小さな食品用の密閉容器を利用した仕分け器を使用することで、A君は、絶対に間違うことなく数十種類の仕分けを完璧にこなしていきます。

さらに驚いたのは、普通でも難しい「シール巻き」という仕事を、誰よりも速くこなすようになっていたのです。これには周囲もとても驚いたそうです。

また、工場で出会ったB君。最初は片方の腕が動かなかったのだそうですが、仕事を任せられたことで責任感が湧いてきました。そしてある日、工場内で信じられないことが起こります。重たいものをほかの人が持とうとした時でした。突然、B君が「自分が持ってみます」と言って、いきなり腕を動かして持ち始めたのです。これには周囲はもちろん家族も驚嘆の声を上げました。今は、なんの違和感もなく腕を動かすことができます。

本社工場製造担当のグループ長によれば、毎日同じ仕事があるわけではありません。そこで現在、25種類の仕事ができるように、作業者のローテーションも行っています。

本社工場では現在、ミスや不具合が月に40件ほど起こるそうですが、ふぁみーゆツダコマでは年間5件程度しか起こっていないとのこと。こうしたことを見ても、周囲の人たちの仕事への意識が大きく影響を受けたことは間違いのない事実でしょう。

役割を果たす障がい者

「障がい者があたりまえに働けるニッポン」をテーマにした厚生省（当時）の「ATARIMAEプロジェクト」において、「ひとりひとりが主役となって働ける職場を」とアドバイスされたことが、ふぁみーゆツダコマの原点の一つになっています。

人事担当者は言います。「特例子会社という形態については、疑心暗鬼の方もいらっしゃいます。しかし、実際に弊社に見学に来られたみなさんは、障がいのある方が本業の中で役割を果たしている姿に接し、驚かれたり、勇気や可能性を感じられたりします。われわれの試みが布石となり、他社において、障がいのある方が1名でも多く『本業』に携われるようになることを願っています」（武田和久）

一人ひとりの人間力を高め、一人ひとりの違いを活かすベンチャー企業

株式会社　ゲットイット

「人を大切にする会社」への転換

東京のベイエリア勝どきの、月島倉庫の一角にある株式会社ゲットイットは、日本最大級の中古・再生業務用ＩＴ機器の販売・輸出入会社です。中古のルーター、スイッチ、サーバー、ストレージを数多保有し、世界中のメーカーの製品を扱っています。その一方で家庭用品の輸入事業や、トイデジタルカメラの輸入なども行っており、時代のニーズに対応できるよう幅広い業務を行っています。

社員数は約20名と小さな会社ですが、２００9年5月から「人を大切にする会社」づくりへと経営の舵を切り、現在に至っています。

親や就労支援センターですら就労は難しいとあきらめていた重度判定を受けている知的障がい者を、同社が雇い始めたのは２０１１年のこと。今ではしっかりと雇用が定着してきました。法定雇用率のためにといった受け身型の動機ではなく、小さい規模の企業でも障がい者雇用に

意義を見いだし、人を大切にする会社づくりを実現するために取り組んでいるのです。

雇用した重度の知的障がい者のしている仕事は、ＯＡ機器の解体です。商品として再生が難しいハードディスクなどの機器を解体して、ある程度の原料レベルまで分解することは、同社がかねてから手掛けたい仕事であったのです。

知的障がいのある社員は、今では何十種類の工具を使って、使い古されたパソコンや大きなサーバーなどをかなり見事な手さばきで解体していきます。ほとんどぶっ通しで仕事をし続ける粘り強さがあります。

ＯＡ機器の中身は金や銅など実は宝の山だそうで、今では月商50万円程度の売上となり、賃金やその他の原価コスト等をほぼ賄える状態になってきています。

経営者の気づきと社内勉強会

廣田優輝社長は、書籍『日本でいちばん大切にしたい会社』に出会い、日本理化学工業の取り組みを知り、世の中にはこんなに障がい者を雇用している会社があるんだと気づいたことがきっかけで、障がい者雇用を実現していきました。

学生ベンチャーで起業し、廣田さんの独特のビジネスセンスで業績は堅調に推移し、社歴は10年を刻もうとしていました。しかし廣田さんは、社員が増え、顧客が増えるにつけ、いろいろな問題が次から次へと発生してくるため、何のためにこの会社を経営しているのか、その理由がわからなくなってきていました。

そんな折、参加している社長交流会のメンバーが、『日本でいちばん大切にしたい会社』のことや理念経営について語っていることが心にひっかかりました。そのメンバーとはその本の著者である坂本研究室で学ぶ経営コンサルタントでした。「業績はいいのだけれど会社に行くのがつらいことが多くなってきている」と廣田さんは相談をしてみました。するとそのコンサルタントはバグジー、川越胃腸病院や沖縄教育出版などについて書かれた書籍やコミックを紹介し、「働く社員のモチベーションを高めて、みんなが幸せになっている会社もありますよ」と教えてくれました。

1カ月ほどそうした「人を大切にする会社」についての情報にふれて、廣田さんは考えました。「自分が変わることで会社の雰囲気も変わっていくかもしれない」。会社を永続させるためのとても大切な気づきを得ることができたのです。そして、そのコンサルタントの提案に応じて、社員一人ひとりの人間力を高め社風をよくしていくことを目的とした社内勉強会を、毎月、全員参加で開催していくことにしました。

対話の機会が増え、何でも言えるような組織風土も育ち始めて、廣田さんはいつしか会社に行くことが楽しくなっている自分に気づきました。そして、障がい者雇用にもチャレンジしたいという気持ちがわき起こってきました。

勉強会のテーマでもみんなで障がい者雇用について考える機会を設定していきました。すると程なくして、「自分が障がい者雇用の担当になりたい」と手を挙げる社員が現れたのです。廣田さんの本気度に加え、社員の理解とかかわりが生まれました。勉強会も1年以上が経過して、社員一人ひとりの人間力も高められてきました。福祉的な専門知識よりも、こうした社内環境があることで障がい者雇用はうまく実現できます。

こうして職場実習からスタートし、トライアル雇用、そして正規雇用ととんとん拍子に進んでいきました。

「自信」からの行動変容

採用した障がい者は、入社当初は単語を話すだけで対話にならなかったのですが、最近はよくしゃべるようになってきました。そして、わからない時にも、わからないままで終わることがなくなったといいます。障がい者本人が、仕事で会社の役に立てている、必要とされているという実感が強まり、自信が芽生え、意思疎通がよくなるという行動変容が起きてきているようです。

入社して1年くらい経った頃、廣田さんは驚かされたことがありました。その日は東京には珍しい大雪の朝でした。始業時間は午前10時なのですが、その知的障がいのある社員は、いつもよりもかなり早い9時過ぎに出社してきたのです。「今日は早いね」と声をかけると「雪のせいでバスが遅れるかと思って早く来ました」と言うのだそうです。親に言われたのかと尋ねると、自分で考えて行動したというのです。

こういう場合、雪で会社が休みになればラッキー、あるいは定刻に遅れても許容されると健常者は普通に思ってしまうだろうけれど、なんて生真面目で純粋なんだろうと感心しました。

一人ひとりの違いが生きる会社

廣田さんはこう語ります。「私たちが大切にしたいこと、それは一人ひとりの違いです。多様性が認められ、個性が尊重される集団でありたい。私はそう強く強く願い、当社の経営に携わっております。私は各自の違いが生きる会社というものにとても惹かれていると同時に、絶対にそうなってみたいと今は思っています」

この思いを実現させていくためにも、これからも同社での障がい者雇用は経営面で重要な鍵となるでしょう。（小林秀司）

個性を活かし働ける職場を目指して

第一生命チャレンジド 株式会社

職業人としての成長にチャレンジ

第一生命チャレンジド株式会社は、第一生命の特例子会社として、複数の就労場所で幅広い業務を展開し、知的障がい者や精神障がい者を積極的に雇用しています。従業員は１５６名、そのうち障がい者が１０９名（知的84名、精神20名など）となっています（２０１３年12月１日現在）。

「障がいのある人もない人も共に、いきいきと働き、ひとりの職業人として成長します」が経営理念。会社のロゴマークは全職員から公募した結果、障がいのある職員の作ったマークが採用されました。その職員は、「障がいがあってもなくても、みんなで手を取り合って助け合いながら笑顔で頑張っている会社」という思いで作ったと話します。

全職員から公募したロゴマーク

同社の特徴は、プロ意識の醸成です。そのために「主体性の発揮」「チャレンジ」「長所を活かす」という3点に取り組んでいます。「障がいの有無や種別や特性で仕事を限定するのではなく、それぞれの長所を活かして、いろいろな業務にチャレンジすることを大切にしている」と常務取締役の小田垣隆さんは言います。同社の重要なキーワードは、理念にもある「成長」です。「会社も職員も成長していく」ことを考え努力しています。

現在、グループ合計の障がい者雇用率は2・06％となっています。

トレーナーはやりがいのある仕事

同社は一般職員、トレーナー、サブリーダー、リーダー、主任と上位職位にあがっていきます。トレーナーは、通常の業務のほかに、リーダーが行っている実習生の対応や職員が登録している各支援機関との対応、一般職員との面談、会議への参加、チームの取りまとめなどさまざまな仕事をしています。

トレーナーは２０１３年12月1日現在7名いますが、トレーナー自身にとっては幅広い業務にチャレンジできる点、他の職員にとっては自分もトレーナーを目指したいという目標ができる点など、モチベーションのアップにつながっています。将来的には、サブリーダー、リーダーに育成していきたいと考えています。

トレーナー第1号は、田端事業部書類発送グループの二見雄一さんです。二見さんは、

２００６年11月の入社当時、周囲の人に関心がなく、人と話すことも少なく、仕事へのモチベーションもあまりありませんでした。その後、働いていくうちに仲間や後輩が増え、徐々にグループのメンバーに関心を持ち、自分から話したり、他の人へのライバル心も芽生え「この業務では負けたくない」と思うようになりました。二見さんは当時をこう振り返ります。

「新しい仕事を任された時に、自分が認められていると感じ、仕事が楽しくなり自信もついてきました。その後トレーナーの職位になった時には、うれしさと同時に重圧もありました。特にトレーナーになった当初は、同じ職位の人がいなかったこともあり、どう動けばよいのかわからず不安だらけの日々でした」

書類発送グループではチーム単位でさまざまな仕事を任されています。二見さんがトレーナーに就任して2年目、初めて自分がチームを任されてわかったことがあると言います。

「チームのメンバーと一緒に作業の精度を高めるためにミーティングを重ね、試行錯誤をした結果、作業ミスがなくなった時がとてももうれしかったです。チームリーダーとしてのやりがいに気付きました。今後の目標はチーム全体で作業の品質を向上させ、横のつながりを強くしていくことです。隣同士のつながりを大切にして、いつも話し合いを柱としてみんなを束ねるリーダーを目指していきたいです」

小田垣さんは、「それぞれの個性をしっかりと理解して、それを活かすことで成長につながる」と話します。「業務の工程は、必ずしも1番目からできないとダメではなく、2番目、4番目しかできない人もいます。その特徴を活かすことが現場の役割で、その役割を全員の人たちに担ってほしいですね」

安易に手を差し伸べるのでなく、能力を引き出すことに重点

「職員の家庭との直接のやりとりは行いません。あくまで一般の企業と同じように、本人との雇用契約というスタンスを大切にしています。その上でサポート体制が重要だと考えており、地域の就労支援機関との連携を重視しています。時間をかけることで、できる仕事は増えていくと考えているので、本人の意思に反して安易に手を差し伸べることはしません。自分の力で自分の居場所が確保できるように、本人の可能性を狭めない対応を意識するように努力しています」と小田垣さん。まさにしっかりと仕事を任せるスタンスが徹底されています。

「その人がどういう障がいがある人なのかにとらわれることなく、できるだけ長所や得意なことに目を向けるようにしています。また、本人が解決できる問題は、なんとか本人の力で解決できるようにすることが大切です。解決できないときに初めて、一緒になって解決に向けた取り組みをします。その人の持っている力をどのように引き出すかが大事なのです」

可能性を日々具体的に実行している会社です。（荒尾宏治郎）

障がい者が安心して働き将来の夢を語れる食品製造会社

株式会社　徳倉

食品粉体製造で特許を持つ「技術の会社」

株式会社徳倉は、１９１９年に東京都江東区北砂で創業、再製糖および糖蜜の製造を始めました。戦後、グラニュー糖などの精製糖製造を開始、そして現業の母体となる砂糖の粉砕加工、即ち粉糖製造をスタートさせました。１９９０年には吸湿性が高く固まりやすい粉糖の固結防止技術で、１９９３年には粉糖のコーティング加工で特許を取得。食品粉体加工に特化した技術の会社です。これらの技術でチョコレートや生クリームに自然に溶け込む粉糖や、一方、スイーツにトッピングしても粉雪が舞い落ちたようにきれいな状態を長時間維持できる「泣かない粉糖」を製造しています。

会社は２００６年、製造拠点を東京から千葉県東金市の工業団地、千葉東テクノグリーンパークに移転し今に至っています。

従業員は72名、うち障がい者が5名雇用されています。内訳は、知的障がい者が3名、身体障がい者が２名です。２００８年には、障がいのある人を積極的に雇用する企業として千葉県知事より、「笑顔いっぱい！フレンドリーオフィス」の認定を受けました。

一方本業では、食品安全管理システムの基となるＡＩＢ食品安全総合基準にて、東金工場が優秀基準達成認定を受けました。また最近では、環境省の認証・登録制度であるエコアクション21に取り組んでいます。

社内の不安を乗り越えて

同社が移転したとき、同工業団地の他の事業所の方から「障がい者を雇用しないか」との話がありました。しかし工場内には大きな機械もあり危険を伴うし、食品を扱う仕事なのでお客様に迷惑をかけられないということで断ってきました。

しかしその後も、あまりにも熱心に障がい者雇用を勧められるので、社長はその事業所を見学させてもらいました。そこで障がい者が一生懸命働いている姿を見て「これは当社でも考える必要があるのではないか」と思い、さっそく幹部会議を開き検討しました。

しかし誰も障がい者雇用について知識や経験がなく、機械作業の危険性や食品の安全面から、やはり雇用は厳しいとの結論に達し、翌日には断ることになりました。

ところが、その直後に様子が急転します。たまたま顧問契約している会計事務所の勉強会に社長が参加をしたところ、法政大学の坂本教授による講演がありました。その講演で、「社会的弱者に対する雇用を進めなければならない」という話があったのです。

社長はその話に深く感銘し、障がい者雇用について再検討することにしました。次の日、社長は再度幹部を集め、坂本教授の話をし、もう一度検討するよう説得しました。そして、どうにか前向きに検討することとなりました。

そして障がい者雇用を勧めてくれた事業所の社長に相談したところ、障がい者支援施設「就職するなら明朗塾」（以下明朗塾）の紹介を受けました。

明朗塾からのアドバイスで、まず工場の現場従業員の協力が必要であるとのことから、障がい者について理解してもらうことと、併せて障がい者のやれる仕事の見つけ出し作業を始めました。次に障がい者の職場実習を実施し、彼らでも十分働くことができることを知ってもらいました。

障がい者に対しては、朝礼に参加すること、食品会社なので出社したら必ず作業着を着用することなど、会社が必要とするすべてを明朗塾の方が教育し、家庭にも連絡をしてくれました。また一般の従業員に対しては、仕事上の注意の仕方、つまり一方的に注意しないことや後で注意した点について説明し理解を求めるなどについても、明朗塾からアドバイスを受けました。これらのこと以外にも、仕事上で困ったことがあれば明朗塾がすべて対応してくれたそうです。

こうして少しずつ環境が整い、２００６年2月、初めて1名の採用となりました。

職場を明るくする障がい者たち

障がい者を採用してから1年ほど経ったときのことです。本人から「辞めたい」と申し出がありました。そこで、明朗塾に相談したところ、「話し相手がいなくてさびしいせいかも知れません。もう一人雇い入れていただくことはできますか」とアドバイスをもらいました。

さっそくもう一人採用すると、よい話し相手ができたせいか辞めるというようなことは言わなくなり、いつしか職場になじんでいきました。このようにして同事業所では、障がい者雇用が進んでいきました。

働き始めた障がい者たちは、朝から元気よく挨拶をするので、他の従業員も自然に大きな声で挨拶をするようになり、職場全体が明るくなりました。

障がい者を雇用し8年目になりますが、今ではみんなすっかり仕事に慣れ、一人前に働いています。一般の従業員と区別はなく、朝礼でも前に出てしっかりと報告をしてくれます。工場清掃でも、黙々と仕事をこなしてくれるので、他の従業員の見本となっているとのことでした。

聴覚障がい者のA君の興味深いエピソードがあります。A君は製品をパレットに積む作業を行っていますが、その場所は工場内すべてが見渡せるところにあります。そのため、作業警告灯の点灯を発見するのが一番早く、A君が他の従業員に知らせているのです。

最近では、A君が何かを言い出すとみんなが警告灯を注意するようになり、トラブル発生箇所の整備点検をスムーズに行えるので作業効率が上がっているそうです。

従業員のみなさんの話によると、障がい者と職場を共にして朝の挨拶が良くなったとか、仕事を教える方法について考えさせられる（障がい者の方に理解してもらうためにどのように話すか考えるため）とのことでした。

作業においても、慣れると気が緩んで時たまミスをしますが、障がい者の方は教えられた通り確実に行うためミスが少ないといいます。

それぞれが夢を抱ける会社

このように、この事業所では障がい者が区別されることなく働いています。障がい者たちの将来の夢をビデオで見せてもらったところ、社長になりたい、結婚したい、自動車が欲しいなど、いろいろな夢を語っていました。

このことからも同社が、障がい者が安心して働くことができ、将来についても語ることができる素晴らしい会社だと感じました。（鈴木良明）

徹底した教育で社員自らの気づきと成長を促し仕事のスキルと人間性を同時に高めていく会社

日本ウエストン 株式会社

人を活かし、物を活かす

岐阜県岐阜市長良川の近くに、日本ウエストンという株式会社があります。工業用タオル・手袋などの分別から洗浄・再利用をしてリース、販売するのが主な事業で、リユースに適した生地の開発なども行っています。また、バイオテクノロジーを応用した排水処理などの構築による、循環型社会の排水や、手袋などの産業廃棄物において、リデュース（減らす）、リユース（同一製品として再利用）、リサイクル（別製品として再生）という3Rを提案しています。

この日本ウエストンの経営理念を象徴するのが「活かす」という言葉です。具体的には「人を活かし、物を活かし、資源リサイクル活動を通じて社会貢献に努め、お客様と社員が誇りと喜びを共創できる会社を目指します」というものです。

その言葉の通り、社員は29名いますが、その中の6名が障がい者です。雇用率でいえば20％と、中小企業の中では群を抜いています。障がい者は、一人当たりの生産性という点では少し劣る場合もあるかもしれませんが、２人、３人でチームを作ることで健常者以上の働きを生み出すことも少なくありません。このように、日本ウエストンは障がい者も大事な人財として徹底的に活かします。

会社に必要な人材の教育

日本ウエストンの臼井麻紗杜社長によると、同社の障がい者雇用は「知り合いの方から、うちの子をどうか雇ってくれないかと懇願されたのがきっかけだった」そうです。その時は、はじめての障がい者雇用で何もわからず、本当に不安だったといいます。現在、同社は清穂会という社会福祉法人を立ち上げ、運営もしていますが、「今思うとこの一人の子が、うちを社会福祉法人まで立ち上げさせたきっかけだったかも知れません」と、臼井社長は回想します。

清穂会を立ち上げた理由は、実際に障がい者を雇用してみて、特別支援学校では社会に出るための教育が十分に行われていないということが、身をもってわかったからです。社会人基礎力というか、社会人として当たり前のことが十分に教育されていなかったのです。そのような状況をただ見ているだけではいられないけれど、かといって会社では朝から晩までそうした教育をすることはできません。そこで、特別支援学校や養護学校と会社の中継ぎを担うための、社会福祉法人を立ち上げたのです。

学校ですから最低限の授業料はかかりますが、日本ウエストンですぐに仕事ができないような場合でも、社会人としての基礎力を身につけられ、職業訓練を受けることができます。その結果、清穂会では一般の企業にも人材を紹介し、優秀な訓練生は一流企業に就職します。

仕事のスキルと人間性を高める社内勉強会

日本ウエストンの社員は、「成長」をテーマに日々働いています。毎日トイレ掃除を行いますが、素手・裸足で掃除をするのは、汚れに直接触れるためです。これは、五感を通じて問題に近づく、または問題から逃げずに気づく訓練にもなっています。トイレ掃除を真剣に行うことで、少しずつ謙虚な気持ちが芽生え、気づくレベルも上がっていくそうです。

また、月に1回自分の目標の達成状況とそれについての反省をかねた、事業計画の進捗状況のプレビュー会を開催しています。何のために実施するかというと、自らが立てた計画を実行して、何がうまくいかなかったのか、あるいはうまくいったのか、さらによりよくなるためにどうしなければいけないか、問題を解決するためにはどうしなければならないかを考えることが必要だからです。これを全社員の前で発表することで、決意を新たにします。そして、絶対に自己の目標を達成するという執念を植え付けることになります。

これを四半期ごとに行います。各社員の今年の計画に対する仕事の実績や成長の進捗に対するプレビュー会のために、社員一人一人が自分自身で立てた計画と実施した行動をチェックして評価をします。同時に、「仕事の仕方」や「時間の使い方」など、習慣的なスキルも磨いています。

また月に1回、半日行われる社内勉強会では優良企業のＶＴＲを観賞し、「気づき」の共有を行っています。勉強熱心な臼井さんは、多くの書籍やセミナーから学んできたさまざまなことを、毎日ブログで社員に発信しています。これに対して社員は「学べることが意欲向上にもつながっている」「社長は学んだことを独り占めせず、私たちにも教えてくれることがうれしい」「仕事だけでなく、人間としても成長させてくれることが喜びです」と語ります。

臼井さんには、この研修を続けてよかったと思うことが、何年か前にありました。会社の周りは冬になると、雪で地面が見えなくなるのは当たり前で、多いときには30㎝ほど積もることもあります。

いつもは社員が一番を競い合って雪かきをするのですが、その日の朝は、健常者社員が7時に車で来たのに対して、障がい者の子はそれより早くに来て雪かきをしていたのです。おそらく5時半ぐらいの始発に乗ってきたのでしょう。これには臼井さんが一番驚き、すぐに雪かきに加わったそうです。

仕事では、できないことがあったり、失敗してしまうことがあります。泣き出してしまうこともありますが、今までできなかったことができたときは、みんなでほめあうそうです。「みんな素直に反省をして改善しようとしてくれる。会社の中は毎日がドラマの連続です」と、臼井さんはうれしそうに話します。

version3の障がい者雇用

臼井さんが最近思うこと、それは「障がい者雇用がビジネスになっているのではないか」ということです。政府は2013年4月に障がい者雇用法定率を引き上げましたが、これに対応しようと企業はがんばっており、雇用率は数字としては目に見えてどんどん上がっています。

しかし、その一方で、雇用率アップを目的に雇用を始める会社が後を絶たないのでは、と思うのです。「障がい者雇用率を達成するために雇用するのではなく、まずは何のために会社経営しているのかを考えるべきではないでしょうか。私たちが清穂会を立ち上げた理由もそこにあります」と、臼井さんは語ります。

日本ウエストンだけで障がい者雇用をしていくには限界があります。しかしこの世の中には多くのスキマの仕事や商品があり、これを発掘することで清穂会は仕事をもらうことができます。それにより、多くの障がい者が働くことを通して「人にほめられ」「人に必要とされ」「人に役立つこと」、そして「人に愛されること」といった幸せを得ることができるのです。「多くの会社にとって、いきなり障がい者雇用を始めることは、ハードルが高いのが現実です。しかしながら、まずは障がい者とかかわることからスタートすれば、新しい形（version3）の障がい者雇用が始まると信じています」と、臼井さんは話してくれました。（鬼塚翔二朗）

技能に応じステップアップできる作業環境をつくり出し、さらなる積極雇用を目指す自動車部品組立会社

東和組立 株式会社

障がい者の成長に期待し、健常者と全く同様に扱う

東和組立株式会社は、岐阜県美濃地方の中央にある美濃加茂市の郊外にあり、自動車部品(ショックアブソーバー)の組立、塗装、梱包を行っています。創業は1957年、会社設立は1969年4月。障がい者の採用は1971年にさかのぼります。

2013年8月現在、従業員は123名(正社員120名、パート3名)、うち障がい者は17名(重度9名、重度外8名)。障がい者雇用率は21・4%です。内訳は知的12名、聴覚3名、身体2名で、障がい者の平均年齢は35・2歳。雇用実績は年々上昇傾向にあり、障がい者の平均勤続年数は10・2年です。

働いている場所も組み立てライン、梱包ライン、塗装工程、洗浄・部品格納、切削工程、Ａｓｓｙ工程(製品の心臓部にあたる工程)など、多岐に渡っています。これは、会社が障がい者を特別扱いせず健常者と全く同様に扱うことを原則としているからです。

板津幹彦社長は、障がい者の方々が健常者と同じ仕事ができるようにという目標を設定し、能力がついていくごとに仕事をステップアップさせ、彼らの仕事の幅を広げる仕組みを作り上げています。障がい者の成長に期待し、温かく見守っているのです。このことが、同社が多くの方より「障がい者に優しい会社」と言われるようになったゆえんです。

特筆すべきは、障がい者雇用に関し多く表彰されていることです。1998年9月障がい者雇用優良事業所労働大臣表彰受賞、2009年7月岐阜県で第1号の認証となる障害者雇用優良企業認証制度（厚生労働省）の認証取得、2011年5月第1回日本でいちばん大切にしたい会社大賞における審査委員会特別賞受賞などです。

戸惑いの声を乗り越えて

初代社長（板津さんの父）が、障がい者2級（聴覚障がい者）の方を採用したところから同社の障がい者雇用が始まりました。1971年のことです。その方は、1995年12月に定年退職を迎えるまで勤め上げたそうです。

現社長が携わったのは1988年からです。その後、職場実習を経験した養護学校の卒業生を採用し、知的障がい者を中心に徐々に増やし、今までに既に50名近くの方を雇用しています。

当初、障がい者の採用を始めた頃は戸惑うことも多く、現場から知的障がい者の指導に困難を訴える多くの担当者の声もありました。しかし知的障がい者についていえば、職務を覚えるのに時間がかかることもありますが、一度身についたことは、周りが道具などを用意して援助することで、能率がよくなるというようなことが段々わかってきました。

人を大切にする経営

現在、採用については職場実習、トライアル雇用を通じて適性を見極めています。そして応募があった方全員を採用することができない中、「もう少し支援、訓練すれば仕事に就ける子が増えるのではないか」という気持ちから、２０１１年3月、就労継続支援事業所B型である「ワークショップむくのき」を設立しました。東和組立からは板津さんと、65歳で定年退職した元社員２人が職員としてむくのきでの指導にあたることになりました。

むくのきでは、将来一般の会社に勤める事を考え、座ってできる単純作業だけではいずれ本人のやる気がなくなるとの配慮から、立って作業をすることになっています。そして疑似体験するために毎日、タイムカードも押しています。２０１４年4月には就労継続支援事業所A型を立ち上げ、B型支援所↓A型支援所↓一般企業での就労となることを目指しています。

あるとき、松葉杖をつきながらむくのきに通っていた50歳の作業者の方のご家族から、体の都合で仕事を辞めるとの申し出がありました。しかし同社では、家族があることでもあり、年齢的なことも考え、生活ができる収入になればと、むくのきの指導員になることを勧め、現在、職員として働いてもらっています。人を大切にする経営とはまさにこのようなことを言うのではないでしょうか。

障がい者と企業との橋渡しをする

東和組立には作業を段階ごとにステップアップさせる仕組みがあります。①一人だけでできる作業（袋にナットを入れる）、②集団でできる作業、③個人で一人で行う作業（若干高度）、④ラインの中に入り健常者と共に行う作業、⑤ラインの中で一人で機械を同時に3台扱う作業です。このように段階ごとに、また、いくつかの作業場に分かれて障がい者の方が作業しているのは、能力のある方に対する配慮、および職場の幅を広げることで雇用を増やす意図があるからです。

仕事が変化する時代では、一つの作業しかできないとどうしても雇用継続に限界があります。かと言って、知的障がい者にとっては部署替えは大きなストレスの原因にもなりますので、焦らずじっくり育てていく必要があります。

今後の目標は、福祉施設や地域の障がい者と企業との橋渡しをすることです。A型支援施設をつくり、社内外注という形で需要を生み出し、一人でも多くの方に働く喜びを感じてもらいたいと考えています。現在、東和組立では車いすでは働くことができないので、新たに工場を建て、働ける環境を整備し、更なる積極雇用をしていきたいとのことです。（宇佐美能基）

合弁解消で売上80％減、危機を救ったのは画期的商品と従業員の理解

株式会社　カン喜

国内トップシェアの殻付きカキグラタン製造販売

株式会社カン喜は１９７３年の創業ですが、会社としては八木水産とノースイの合弁会社、八木ノースイとして１９８２年にスタートしました。２００３年に合弁を解消し、社名を現在のカン喜としました。本社は山口県周南市に位置し、周防灘まで1キロ、周囲を山々に囲まれた自然豊かな場所にあります。

事業内容は、カキフライや殻付きカキグラタンなど、農水産物の製造・加工および販売です。同社の殻付きカキグラタンは、年間４００万個で国内トップシェアを誇ります。年商7億円、営業利益１４００万円。従業員72名（うち障がい者は、知的32名）、障がい者雇用率44・4％、全従業員の平均賃金は13万円です。カン喜の障がい者は、最低賃金以上を得ています。

２００６年には、関連会社として特定非営利活動法人周南障害者・高齢者支援センターを設立、２００８年10月に同法人内で、就労継続支援A型事業所よろこびの里を開設しました。

こちらの事業内容は、カキ殻洗浄、カン喜の製造請負、農業事業（農業委員会の許可取得）など。年商1・2億円、営業利益50万円。従業員74名（うち障がい者は、知的40名、精神5名）、障がい者雇用率60・8％、全従業員の平均賃金は9万円となっています。

カン喜グループでは、障がい者一人一人の力を認め、教育することによって製造業を営んでいます。２０１０年には、厚生労働省より障がい者雇用優良企業の認定を受けました。

障がい者雇用で問題解決

１９８７年、旧工場にトンネルフリーザーを入れ、カキフライの製造を流れ作業化しました。また、新工場を造り、油揚げせずに電子レンジで温めるだけで食べられるような付加価値の高い商品を目指しました。これが殻付きカキグラタンの開発につながっていきます。地域柄、農業を兼業する女性のパート従業員が１００名近く勤務していましたが、収穫の時季は休みがちで、生産ラインの稼働が落ちるという問題がありました。そこで、１９８９年、公共職業安定所の紹介で障がい者雇用を始めました。これにより、人手不足の悩みは解消されました。

しかし、当初は経験もなく管理の仕方もわかりません。何か問題が起きると現場の中間管理職は「社長があんな子を雇っているからだ。彼らが失敗した」と得意先に言い訳したため、クレームのほこ先が上坂道麿社長（現会長）に回ってきました。現場からは、「顔を見るのも嫌だ」「私の部署にいらない人だ」「ほかにやってくれ」という声も上がったといいます。

しかし、こういうときこそ上坂さんは自分が苦労すればいいのだと歯を食いしばり、むしろ、それを楽しみとして取り組みました。「こんな人にできるか」と言われたものが、数年経つと確実に仕事を実行していけるようになり、必要とされる人になる。「この喜びはたとえようもない」と上坂さんは語ります。

国際的な品質管理ISO22000を取得

バブルがはじけて4億円の借金が残り、銀行に見放された時期もありましたが、試行錯誤しながら2003年まで障がい者雇用を維持しました。それまで未来を茹く福祉企業を目指して突き進んだのですが、親会社に迷惑をかけたこともあり、協議の末、合弁を解消し、再出発することになりました。利益は目標とせず、地域社会に貢献できる会社づくり、障がい者雇用を終生の目標として掲げました。

合弁の解消に伴い、数カ月の間、月々の売上が80%減少しました。この危機的状況を救ってくれたのが前述の殻付きカキグラタンと株式発行です。殻付きカキグラタンは利益率が高く、何にもましてカキ殻洗いが単純作業で誰にでもできるよい仕事なのです。

株式発行は、売上減少で資金不足になったとき、従業員の賃金支払いを現金から会社の株式に変えさせてもらったものです。説得して障がい者の親にもカン喜の株式を持ってもらいました。具体的には、障がい者の親を含む従業員持株会をつくり、5回（5万円、7万円、10万円、

12万円、13万円）株式発行を行いました。会社は窮状を脱し、現在、10株で１３０万円の価値があります。

また、さらに品質を上げていくために、国際的な品質管理ＩＳＯ２２０００を２０１３年10月に取得しました。

知的障がい者が半数を占めるがゆえに、「報・連・相」を徹底します。彼らは、頭で覚えるのではなく、体で覚え身につけていきます。将棋の歩のように一歩しか前に進めなかった子も、10年も経つと仕事の２つ、３つはできるようになり、少し教えれば金の力を発揮することもできます。カン喜では「と金研修」を行い、10年から15年勤続の人たちを係長に育て上げています。

時間はかかりますが、品質管理の面でどこにもひけを取らない会社、安心して見ていられる会社、クレームのほとんどない会社、お客さんの信頼を勝ち取る会社、これらを達成したとき、第２の障がい者雇用が始まるのです。そのために必要なのが教育です。自分の会社に必要な人材は、自分の会社で育てる。中小企業はそれでいいのです。まさに教育請負業です。

仕事を細かく分けて流れ作業にし、得意なものをさせる。難しい仕事はさせない、できればほめる。「やって見せ、言って聞かせて、させてみて、ほめてやらねば人は動かじ」が上坂さんの指導理論で、その基礎になっているのは、ボーイスカウトで学んだ班制、進級制です。

高杉晋作にちなんだ「平成の歓喜奇兵隊」が行く

上坂さんの目標は障がい者を100名雇用することと、3つのグループ会社をつくること。その3つ目は農業生産法人です。競争についていけない人、ストレスで精神病になる人、生活保護を受ける人、刑務所への出入りを続ける人、ホームレスの人、こういう人たちを支えるのが使命だと考えています。底辺の人たちに仕事を作り続けること、仕事を作り出す喜び、これがカン喜の精神です。

「今年は喜寿の年、まだ10年はがんばれる。社会のお役に立てる喜び、親より独立して自分の思いどおりに活動できる喜び、自分で作って自分で売れる喜び、こんな願いを株式会社カン喜に込め、『平成の歓喜奇兵隊』として邁進していきます」（佐藤浩司）

成功や失敗の「体験」から能力を引き出し、物づくり職人として成長させる、ちょうちんメーカー

株式会社　宇佐ランタン

ちょうちん製造の国内トップシェア

大分県宇佐駅から車で10分弱、田んぼの畦道をぬけ、交通は便利とはいえない場所に工場がある宇佐ランタン。そこで作られている商品が「ランタン」（装飾用ビニール製ちょうちん）です。創業は１９７３年11月。ビニール製ちょうちんの製造販売では国内シェア65％で日本一、年間生産量約30万個です。そのちょうちん製造を支える社員は14名、そのうち９名が知的障がい者（うち４名重度障がい）。国内トップのちょうちん企業は障がい者が支えています。創業者である谷川忠洋社長は社員から「おいちゃん」と呼ばれているそうで、一度でいいから「社長」と呼ばれてみたいと笑顔で話す、とても素敵な方です。

「この子たちとやっていこう」

１９８０年12月のことです。ある友人から「障がい者雇用を〝かせい〟してくれ（協力して

くれ)」と言われた谷川さんは、奥さんに相談しました。しかし、ちょうちん作りの難しさを知っていた奥さんは「障がい者には無理です」と反対。それでも谷川さんは何とか雇用したいと考え続けました。そして1981年、工場近くにできた福祉施設に通う知的障がい者5名を雇いました。これが障がい者雇用の始まりです。奥さんの反対を押し切って雇用したため、最初の3カ月ほどは奥さんの理解を得られず、谷川さんは悩み続けました。

しかしある夏、高校ラグビーのドラマを見ていて「同じ釜の飯を食う」という言葉にハッと気づきました。「そうだ、彼らが寮から持ってくるお弁当を妻に依頼しよう」。そう思いつくと、すぐ奥さんにお弁当を作ってほしいと頼みました。反対を覚悟のうえの相談でしたが、何とすんなりOK。社員5人分の弁当を味噌汁付きで作ってもらうことにより、彼らとの交流が始まり、いつしか奥さんも協力してくれるようになりました。

当初雇用した社員5名は「てんかん」の持病があり、また石を投げたり、スコップを持ち走り出したりすることもありました。しかし谷川さんは、何とかしようと考え続けます。そして、工場は彼らの緊張や疲労をとり、安全で安心できる居場所となる必要がある、環境の整った工場を建てると約束をし、雇用から3年後、新工場を建設しました。

1984年の竣工式には大分県の平松知事のメッセージのほか、80人もの人がお祝いに来てくれました。竣工式も終わりホッとしていると、何人かの女の子がシクシク泣いていました。誰かから何か傷つけられることを言われたのかと心配したのですが、その子たちが言った言葉は「おいちゃんは嘘を言わなかった、約束を守ってくれた。うれしい」でした。この時、谷川さんは改めて「この子たちとやっていこう」と決心したそうです。

また1992年「第1回障がい者のための施設・設備改善コンテスト優秀賞」(労働省)を受賞し、賞金20万円をもらいました。この時も飲食でお祝いをするのではなく、初の海外旅行にチャレンジしました。全員でグアムへ。3人一組で行動し各自が責任をもつことにしました。しかし谷川さんはその間、心配でみんなを木の陰からずっと見守り続け、「心配しすぎてちっとも楽しくなかった」と笑います。帰りの飛行機では、当初、添乗を嫌がった添乗員から「こんなに楽な添乗は今までなかった」と感動されました。社員からは「楽しかった。今度はハワイに行きたい」と言われ、彼らの輝いた目を見た瞬間、来てよかったと疲れも飛んだそうです。その後、1997年に谷川さんは彼らとの約束を実行し、ハワイへも行ったそうです。

「三重苦」を乗り越えるために

今から15年ほど前のある日の朝、いつもはみんな、自分の側に寄り挨拶をするのに、その日は1メートル以内に近寄りません。なぜだ?と思っていたら、ある子が「おいちゃんの目が笑っていないから怖い」と言いました。自分では、いつもと変わらず笑っているつもりでしたが、彼らには自分の心が見透かされていたのだと思い、その時ハッとしました。その日は朝から気になることがあり、目が怖かったのでしょう。彼らは敏感に感じていたのです。その時、上から目線で命令・指導し彼らと同じ目線でなかったことに気づきました。ほめて・おだてていれば成長してくれるのだという傲慢さが自分にあったことを、彼らは感じていたのではないかと反省しました。それからは、いつも本気で彼らと向き合い厳しいことも伝えていきました。半年ほどはギクシャクしましたが、態度を変えませんでした。「そのことが、彼らにおいちゃんは本気だと伝わったようで、お互い信頼関係ができました。彼らもよく我慢してくれたと思います。自分が思っていたことを、彼らなりに受け止めてくれました」と語りました。

２００８年9月、ちょうちんの「張り工」として勤続30年の実績を認められ、厚生労働大臣賞を受賞した社員がいました。その社員が大分県知事から「大変でしたか？」と声をかけられた時のことです。「大変でした。バケツ3杯くらい泣きました。だけどみんなが支えてくれて、こんな表彰を受けられました。うれしい」。そして「社長さんのおかげかな」と感謝してくれたことが、谷川さんにとって一番うれしいことだったと語ってくれました。

私が訪ねた時にお茶を出してくれた社員の方は今年で入社6年目、とても素敵な女性です。初めて一人でお茶を出した時は「ガタガタ」震え、「どうぞ」と笑顔で言えるまで半年かかったそうです。「体験を重ねることで自信がつき、笑顔になります」

谷川さんは、障がい者が自信を持つためには「三重苦」を乗り越える必要があると言います。三重苦とは①仕事を覚える、②対人関係、③8時間労働。これを支援学校等卒業後いきなり4月入社で行うのは障がい者にとって負担が大きく、自分にはできないと挫折してしまいます。

そうなると自立することが難しくなるのです。そこで、谷川さんは学校と交渉し、ストレスの少ない学生の間に実習期間を設けてもらい、毎年3年生を3週間×3回（最終は12月～1月）、2人～3人を受け入れて実習を行っています。「一番つらいときを乗り越えられると安心して就職できます。卒業後の就職率は100%。離職もなくなりました」と教えてくれました。

ものづくりのDNAにスイッチを入れる

谷川さんが目指してきたのは、「こうしなさい」という命令型の指導ではなく、こうやってみようかと一緒に考え、できなくてもいいからやってみよう、という指導法です。「体験をし、自分で考えるようになると、ものづくりが楽しくなる。人間が本来もっている、ものづくりのDNAがONになり、職人に成長する。これが〝DNAにスイッチが入る〟ということです。もっている能力を引き出し、その間は待つ。これを広めたい。ものづくりに関しては、障がい者はかなりの範囲までできるようになる。伝統工芸などにも広がります」。

そして、もう一つの目標は「ビニールちょうちん」から紙へ戻ること。「濡れても強く、破れない紙ちょうちんへ3～5年で移行する予定。常に進化し続け、職人を育成し、ちょうちん以外の製品にもチャレンジします」。そう語ってくれた谷川さんの顔は、優しい「おいちゃん」の顔、そして進化する経営者の顔でした。（吉田奈都恵）

※この取材の後、株式会社宇佐ランタンさんは、2014年第4回「日本でいちばん大切にしたい会社 審査員特別賞」を受賞されました。

第4章　なぜ障がい者が生き生きと働くのか

全国から工場見学の希望が殺到する、きものアフターケアの会社

株式会社　きものブレイン

工場見学のお目当ては

きもののメンテナンス、一貫加工、リサイクルきものの販売などを行っている株式会社きものブレイン（本社、新潟県十日町）。設立は１９８８年。きもの加工の仕事には、クリーニング・シミ抜き・縫製・ガードなど、多くの種類があります。

現在、社員は２５２名。うち28名が障がい者。知的障がい者8名、身体障がい者9名、視覚障がい者1名、聴覚障がい者3名、内部障がい者3名、精神障がい者4名など、さまざまな障がいを持つ人たちが働いています。

経営トップは明確に役割分担を行っています。岡元松男社長は「私は商品開発やお客様づくりに専念し、障がい者雇用については妻の真弓副社長に任せています」と語ります。

社内には、障がい者雇用支援委員会が創設され、少数の専門家に任せるのではなく、多数の素人（社員）がかかわる仕組みが出来上がっています。「我が社にはたくさんの人が工場見学

に来るんですよ」と岡元社長。見学のお目当ては工場の設備やシステムだけではありません。ここを訪れた人は、障がいのある人たちが生き生きと明るく働いている姿を見て勇気づけられ、元気になるようです。そのうわさが自然に全国に伝わっているのではないかと思われます。

「もっといい生活をしてみたい」という新聞のコラム記事

岡元真弓副社長の姉の子、A子さんはダウン症でした。その姉は、A子さんを甘やかすことなく、いろんな所へ連れていったり、やらせたりしていました。決して特別扱いをしなかったそうです。真弓さんは、A子さんがほかの障がい者より明るく積極的に生きている姿を見て、障がい者に対する見方が変わりました。このA子さんとの出会いが、障がい者雇用のきっかけになったといいます。

きもの販売の仕事から、きもののアフターケアの仕事をするようになった1989年、まず、心臓障がいのある障がい者が働くことになりました。次に、近所に住んでいた障がい者の夫婦が入社してきます。夫は重度の脳性まひ、妻は知的障がい者でした。二人は結婚を機に、「もっといい生活をしてみたい」というようなことを新聞のコラムで語っていたのです。そこで二人に働いてもらうことにしました。夫はマヒがあるため細かい仕事はできませんので、機械を見守る仕事に就いてもらいました。定年後も65歳になる昨年まで働いていました。妻は、熱圧着機できもの用保管シートの封をする仕事から始め、今でも現役で働いています。

その人の特性を見極め、その人に何ができるかを考える

障がい者が4名になった1990年、岡元さん夫妻は、重度障がい多数雇用事業所をつくる決心と覚悟をするに至ります。

一度に10名の重度障がい者を雇用しなければ認定が取れなかったこともあり、真弓さんは一人一人、仕事をしたい人を探していきます。当時は、ハローワークに行っても、障がい者が求職者登録をしていることはなかったそうです。そこで自ら社会福祉事務所へ行ったり、日赤病院まで足を運んだりしたこともありました。

その頃、交通事故で一夜にして車いす生活を余儀なくされたBさんは、もう働くところはどこにもないとあきらめていました。ある日、そんなBさんを真弓さんが訪ねてきます。真弓さんが「あなたは何ができますか」と尋ねたところ、Bさんは「パソコンはできる」と言います。「それでは、うちで働いてみませんか」と問いかけたところ、Bさんは信じられないといった表情で非常に喜び、その目が輝きました。ただ、指先が動かないため、突起を付けた手袋をつけ、パソコンのキーを叩けるよう工夫して、データ入力できるようにしました。今でも一日1300件あるデータ入力の戦力として、欠かせない存在になっています。

この時期から岡元さん夫妻は、障がい者雇用を守っていくために、経営について猛勉強を始めます。家族経営から近代経営へと舵を切ったのです。

真弓さんは、「きものブレインは、障がい者雇用を始めてから、仕事の仕方や中身が変わってきた」と胸を張ります。例えば、仕事を与えるために、彼らに何ができるかをじっくり見極め、できる仕事をやらせていきます。これは健常者においても同じことが言えます。その人の特性を見極め、その人に何ができるのかを考え、その人に合った仕事を与えていくということです。「その人に合わせて、仕事をつくり出すのが自分の仕事です」という真弓さんの言葉の中にすべてが語られています。実際、会社を訪問してみるとよくわかるのですが、障がい者だけでなく健常者も一緒になって非常に活気のある職場環境が出来上がっています。障がいのある人たちが、こんなに生き生きと明るく働いている職場がほかにあるだろうか、と思わずにはおれません。全国からたくさんの人たちが工場見学に来るのも無理はありません。

親子で受け継がれる経営理念

きものブレインの目標は、「きものの幸せ」と「多様な社員の幸せ」を考え、きものアフターケア業界で日本一になることです。会社設立後まもない頃、バブル経済の崩壊に見舞われ、ビジネス環境はとても厳しくなりましたが、社長と副社長のふたりで会社を引っ張り、今や従業員が250名という規模になりました。障がい者の雇用も増え続けています。

岡元さん夫妻の経営理念は、後継者である娘さんにしっかりと受け継がれ、今後も障がい者雇用が堅持されることは間違いありません。（山田　悟）

障がい者雇用によって経営者自身が意識改革し、志で作り上げた人気レストラン

株式会社　アップルファーム

「おいしい」だけではない魅力

東北最大の都市、杜の都・仙台で、あるレストランが話題になっています。仙台の中心部から車で20分。産業道路が通り周辺には工場が点在するような、決して店舗用地として有利とはいえない場所に、そのレストランはあります。そのお店の名は「自然派ビュッフェ・レストラン　六丁目農園」。まだ4年に満たない若いお店ですが、今や全国から見学者が集まる、知る人ぞ知るレストランなのです。

人気の理由は、まず地元農家の野菜を中心とした野菜料理です。体にやさしいお惣菜は、すべて手づくり。ピザ、パスタ、ボリュームいっぱいのお肉料理と種類も豊富です。カウンターには常に60種類を超えるおいしそうな料理が、湯気をたてて並んでいます。

そんな人気店なのですが、実はお客様の評判は料理だけではありません。「味もさることな

がら、何よりもスタッフが生き生きとして働く姿が魅力」という声が多いのです。

ここを経営する株式会社アップルファームの渡部哲也社長に驚かされるのは、関連会社を含めた社員198名中93名の障がい者を雇用していること。このレストランでも多くの障がい者が働いています。手づくりにこだわり、時間はかかりますが野菜のカットを機械も使わずに、包丁で一つ一つ丁寧に行っています。しかし決して無理を強いることはありません。オープン当初予定していた夜営業も、あまりの仕事量の多さに2日間で止めました。

その理由は、渡部さんの志すところである、「人ありきの経営、人にやさしい経営」にあります。障がい者雇用をすすめながら「働いている人が幸せになること、働いている人を幸せにすること」を目指しているのです。それは、これだけの人気店にもかかわらず、お客様の数を1日に150人までに限定していることにも表れています。

ある「出会い」が転機となって

渡部さんの障がい者雇用のきっかけ、というより、むしろご自身の「考え方を変える転機」となったのが障がい者雇用でした。渡部さんは、いわゆる「人ありきの経営」などきれいごとであり、「会社にとって大切なものは一にも二にも利益。人はその後の話と考えていた」と昔を回想します。実は今に至るまで長い道のりがあり、さまざまな仕事、事業にチャレンジしてきたのですが、なかなか上手くいかなかったのです。少しいいかなと感じた時も長く続かず、短期的なものにしかなりませんでした。「人を思いやる気持ちの余裕も持てず、信頼し合える人もいなかった」といいます。しかし、あるきっかけが渡部さんの大きな転機となりました。そのきっかけとは「リスクも少なく、もうかるのではないか?」と始めたたい焼き屋で従業員として雇った、ある青年との出会いでした。

「とことん向き合っていこう」

施設からの紹介で来たその青年は当時38歳で、発達障がいを持っていました。地元では「問題児」と知られた人物でした。当初、彼はお客様に素手でたい焼きを渡したり、「おい!」と話しかけるなど、うわさ通りの行動をしていました。1日の労働時間は3時間が限度、出勤は1日おきで無断欠勤も当たり前という状態でした。「辞めてもらおう」。幾度となくそう考えた渡部さんですが、ここで彼はある決心をしたのです。「今まで自分が出会っていた人の中で、一番扱いにくい悪い条件のスタッフだからこそ、ここはとことん向き合っていこう」と決めたのです。しっかり、じっくりと彼と向き合う日々が続きました。すると、どうでしょう。それまで難しかった「たい焼きを焼く作業」が問題なくできるようになりました。そして彼は、今までとは比べものにならないくらい、生き生きと働くようになったのです。その彼の働きぶりは、渡部さんにとって「何よりもうれしく、大きな喜びとなった」そうです。

その後、彼の活躍で売り上げも順調に伸び、渡部さんの夢は次のステージへ。このレストランで30名近い障がい者雇用を実現することになったのです。

笑顔を取り戻すレストラン

もう一つ、知的障がいを持つ朝会《ともえ》ちゃんとの出会いも、興味深いエピソードです。朝会ちゃんは820グラムで生まれた超未熟児だったそうです。生きるか死ぬかの瀬戸際をさまよう、その赤ちゃんを見た母親は、とにかく生きてほしい、明日の朝も元気な顔を見たい、会いたい、果たして会えるだろうか……、そんな気持ちでした。そして願いを込めて「朝会」という名を付けたそうです。

大人になった朝会ちゃんは、前の職場でひどくいじめられ家にひきこもっていました。渡部さんとしては「ともかく、店に顔を出してくれればいい」という思いで仕事をしてもらいました。すると朝会ちゃんの表情はしだいに和らぎ、今では自信に満ちた素晴らしい笑顔で、フロアーの仕事をしています。母親からは「あの子がこんな笑顔を取り戻せるとは思わなかった……」という言葉をポツリといただいたそうです。私も朝会ちゃんの素敵な笑顔を、レストランで見かけることができました。

「地元で職のない人の雇用をつくりたい。もっと輪を広げたい。その志がレストラン 六丁目農園となりました」。そう語る渡部さんの表情は、とても穏やかです。仙台の片田舎にあるレストランから、これからも目が離せません。（田島浩太）

障がいのある人に寄り添い続けて、その夢をかなえた本格的フレンチレストラン

レストラン　アンシェーヌ藍

こんな高級レストランで働いてみたい

東京・三軒茶屋の駅から歩いて数分のところに、ひっそりとした隠れ家のようなフレンチレストランがあります。「レストラン　アンシェーヌ藍」です。階段を上がり店に入ると清潔感があふれるしゃれた雰囲気。店内にはグランドハープが置かれ、定期的にハープの生演奏も行われます。テーブル席は25人ほどで満席。オープンキッチンがゲストとの親密度を増してくれます。

壁には障がい者の「藍染」「水彩画」などの作品が掛けられています。テーブルにも数々の作品が並べられ、気軽に手にして買い求めることができます。

アンシェーヌ藍は、障がい者の自立を支援する就労継続支援事業B型施設です。精神・知的障がい者20人が調理や接客、清掃などを担当。厨房・フロアスタッフとして毎日ローテーションを組んで働いています。障がい者の働く本格的なフレンチレストランは、全国的にも珍しい

とのことです。

前身の「藍カフェ&ギャラリー三軒茶屋」が、精神障がい害者共同作業所訓練事業施設として認可され、オープンしたのは1996年のことでした。その後、誰からも「素敵ね」と言われる店、高級感があり、優雅な雰囲気に包まれ、そこで働くことがステータスとなる店を目指し、2009年、「レストラン　アンシェーヌ藍」としてリニューアルオープンしました。

経営するのは、世田谷区若林で障がい者のための藍染工房を運営する社会福祉法人「藍」。竹ノ内睦子理事長(71)には、障がい者が夢を持って働くことができる職場をつくりたいとの強い思いがあります。

素人の藍染工房

竹ノ内さんは、35年前、故・三笠宮殿下主催の福祉の勉強会で、脳性麻痺の女性Oさんに出会います。Oさんは、心から振り絞るように、「仕事がしたい、働く場がほしい」と語りました。その言葉がきっかけとなり、たった一人の女性のために工房を作ることになりました。工房といっても6畳一間の間借り。そして2人で徳島の工房に修業に出かけました。

そのとき京都で出会った西陣織を生業とする女性に、藍染を勧められます。景気や政治の変化、社会情勢に影響を受けない仕事であること、日本の伝統工藝であること、障がい者の体調や障がいの程度に対応できる技術であること、などが理由でした。

以上は、「藍工房」設立の経緯ですが、同時に、のちの藍カフェ＆ギャラリー三軒茶屋、そして、本格フレンチレストラン「アンシェーヌ藍」のプロローグでもあります。

自閉症の青年が突然口を開いた

竹ノ内さんは、藍工房を立ち上げた時点から、その目を世界に向けていました。「生まれてきたことを恨まない、産んでくれた親を恨まない、世界を舞台にがんばろうね」

社会の掃きだめと言われないよう、スタートと同時に世界を目指します。まったくのド素人からの出発でしたが、藍染の修業を終え創作活動を開始してからは、持ち前の当たって砕けろの精神で積極的に販路を開拓していきました。そして、作品の芸術性の高さ、品質の高さ、斬新さなどが徐々に評価されていきます。

2年後の1985年には、ニューヨーク・カーネギーホールの舞台衣装の制作に従事し、夢の実現の第一歩を踏み出しました。翌年には14日間の長期にわたり、パリで藍工房展を実現しています。

1996年、精神障がい者共同作業所訓練事業、藍カフェ＆ギャラリー三軒茶屋が認可されますが、その時期、竹ノ内さんは一人の青年に寄り添っていました。自閉症のM君です。M君は努力の末、レストランチェーン「R」で厨房の仕事に就いていたのですが、バブルがはじけ、「R」は経営が行き詰まり、とうとう閉店となってしまいました。

固く心を閉ざすM君を竹ノ内さんは「藍工房USA」に半年間連れていきます。オレゴン州の流木であふれた人気のない海岸で、彼は突然口を開きます。「日本がある方向はどっち?」

竹ノ内さんが「好きな人がいるの?」「結婚したいの?」と問いかけると、彼はゆっくりとうなずきました。「がんばって結婚資金を貯めなければね」

アメリカに連れてきてよかった。竹ノ内さんはM君のために、彼が厨房で活躍できるカフェの開店を決心したのでした。融資やボランティアを募り1500万円の資金を集め、開店にこぎ着けました。

「藍カフェ&ギャラリー」を改修して「レストラン　アンシェーヌ藍」をオープンするきっかけとなったのは、施設利用者のHさんが「ウエイトレスになるのが夢」と語ったことです。

竹ノ内さんは、Hさんがウエイトレスとして働くことができるよう一流のホテルやレストランを訪ね歩きますが、受け入れてはもらえませんでした。Hさんの親もウエイトレスの仕事には大反対でした。

そこで竹ノ内さんは、誰もが知っている場所で、誰からも「素敵ね」と言われる豪華でおしゃれな一流フランス料理レストランを開業することを決意し、実行に移したのでした。

「もう一ついかがですか」。Hさんは今、この一流フレンチのお店で、にこやかにフランスパンをゲストにふるまっています。

利他の心

平成25年、「アンシェーヌ藍」では、夢のような出来事が続いています。

2月、田村厚生労働大臣が、メンバーの働く姿を視察に訪れました。5月、竹ノ内さんはレストランメンバーとともに、首相官邸で行われた「総理と障がい者の集い」に招待されました。6月には、安倍総理が母親の誕生日を祝うために家族そろって来店しました。

そして、数年前から申し入れていた、国連本部事務棟ロビーでの藍工房作品展の開催も決まりました。国連障がい者月間に合わせ、２０１３年12月3日より催されます。

長い間、周りからは「うまくいくはずがない」と言われ続けてきましたが、ようやく「利他の心」で障がい者とともに夢を積んできたことが、認められるようになりました。（野口具秋）

障がいがあっても夢を追える、十人十色の事業所を創りだす法人

NPO法人　多摩草むらの会

缶ジュースを買うお金がない

東京都多摩市に本部を構え、すべての事業所に「夢」という言葉をつけて事業を展開する一人の経営者がいます。ＮＰＯ法人「多摩草むらの会」の創始者、風間美代子代表理事です。

作業所に通う息子を持つ親として、障がい者雇用の職種の少なさ、賃金の安さを骨身にしみて感じていた風間さんは、ある日、自動販売機をじっと見つめる障がい者を目にします。ジュースを買うお金がなく立ちつくしていたのです。１時間働いても缶ジュース１本買えない仕事のなかで夢が語れるだろうかと思った風間さんは、自立にはまずお金が必要だと痛感します。そして、「はたらく」とは「夢を追うこと」であり、一人一人に合った、人の役に立つ仕事のなかで、正当な賃金を得られる場所を創ろうと決意するのです。

この思いをきっかけとして、多摩センター駅前通りでお祭りやバザーがあると聞くと、当時、精神障がい者の家族会であった「草むらの会」ののぼりを立てて駆けつけ、水餃子の販売をは

じめました。１９９７年のことでした。

それ以後、風間さんは多くの職業を経験します。「障がいに合った十人十色の事業所を創りたい」という信念を実現するには、自らが経験してみないとわからないと思ったのです。さまざまな職種体験は、福祉の世界では得られない人とのつながりをもたらしてくれました。そして、かかわった方々の言葉がヒントとなり、ＮＰＯ法人化を経て、12事業所、社員数１２８名（２０１３年8月現在）にまで広がったのです。運営スタッフが福祉経験者ばかりでなく、金融業界、学校教師などさまざまな職種の方々と聞けばうなずける話です。

体当たりで十人十色の事業所を創出

多摩草むらの会は働く場所の提供だけでなく、住居や生活、就労の相談支援を行っていて、登録者数は３２６名（主に精神障がいの方）にのぼります。障がいのある子を抱えた親の悩みで最も多いのが「親亡き後の不安」といわれています。風間さんも「障がいのある子を残して親は死んでも死にきれない」と語ります。親が生きているうちに、親から離れて地域のなかで自立して生活する姿を見届けたい。子どもが生涯安心して住める場所を提供したい。「グループホーム多摩草むら」はそんな思いがつまった場所です。また相談支援センター「待夢《たいむ》」は、本人やその家族が疲れたとき、余裕のないときに、〝タイム〟できる相談所です。夢を追うには仕事への配慮だけでなく、人生への配慮が必要と考える風間さんの姿勢がうかがえます。

このようなトータルな支援体制のなかで、風間さんは働く場所を一つ一つ創り上げてきました。最初の土台となったのは、２００２年に多摩市の商店街にオープンした寒天中心の甘味処「寒天茶房・遊夢」です。「薬を飲み続ける障がい者によい食べ物をと考えたときに寒天にいきつきました」と語る風間さんの脳裏に浮かんだのは、寒天の大手で知られる伊那食品工業でした。伊那食品工業は、本来、個人商店への卸しをやらないのですが、風間さんの熱い思いに共感し、卸しを快諾してくれました。

食材へのこだわりは野菜や椎茸の栽培にもつながります。農園の名前は「夢畑」。農法は循環農法で、近所の牛を飼っている農家との連携による有機栽培です。障がいのあるA君は、牛を静かにさせ、牛舎を掃除するのがとても上手。風間さんは、「仕事に応じて人の強みが見えてくるとともに、農園や動物は人の心を安定させる力があることに気付いた」といいます。ここでとれた野菜と甘味、デザートが反響を呼び、２０１３年8月、3店目のレストラン「畑deきっちん」をオープンすることができました。

「畑deきっちん」は、多摩センター駅前の大きな商業施設のレストランフロアの一角にあります。内装は自然の中にいる雰囲気を基調としていて、「夢畑」でとれた野菜や女性好みのメニューにこだわった、とても素敵なレストランです。開店前日にお伺いしたとき、社員がとてもかわいいチラシを配っていました。これは誰から指示されたわけでもなく、社員たちが自発的に考え、行っていたのです。風間さんは、すべてのメニューを味見します。障がい者がやっている店だからではなく、おいしいから人が集まる店を目指すという信念があるからです。

同じ商業施設の中に「夢うさぎ」もオープンしました。高級オーダーカーテンの生地を工房で雑貨にリメイクし販売しています。なかでも手作り草履が人気商品となっています。おしゃれな商業施設に出勤できる喜びは人を変えていきました。それまで服装に興味はなく、人前にあまり出ることのなかった人が、おしゃれをして出勤するようになりました。ここで働ける楽しさ、うれしさを一人一人から、ひしひしと感じました。

障害者とその親が安心できる場を創りたい

風間さんはほかにも、パソコン業務を行う「夢像」、清掃・エコ事業を行う「草夢」など、障がいに合った十人十色の事業所を創出してきました。事業所の一つ一つに「夢」がついているのは「働くことは夢を追うこと。障害があっても夢を追ってほしい。生きるために少しでも楽しいことを」という願いが込もっています。

風間さんは、2013年12月に開店したコミュニティカフェ「ゆめーぬ」を最後に代表理事を辞し、認定ＮＰＯ法人を取得して株式会社、社会福祉法人を立ち上げ、社会福祉法人で有料老人ホームを創りたいといいます。精神障がいがあると老人ホームになかなか入れないという現実があります。風間さんは、障がい者とその親が安心できる場を創りたいという明確な将来のビジョンを持って、今日も活動を続けています。（清水洋美）

思いやりとコミュニケーションで長期雇用を実現している会社

有限会社　鈴屋リネンサプライ

サービスの差別化で飛躍

有限会社鈴屋リネンサプライは、ＪＲ中央本線韮崎駅から3分ほど歩いた場所にあります。創業は１９５９年、現社長鈴木忠正さんが東京のクリーニング店で修業をした後にこの地で創業しました。現在の主な事業内容は、ホテルやペンションの業務用のシーツなどを洗濯するリネン事業と、一般家庭の衣類を洗濯するホームクリーニング事業があります。

創業当初は一般家庭向けのクリーニング店でしたが、他のクリーニング店と少し異なる点がありました。それは外交を広範囲に行う営業スタイルで、通常の外交は半径３～４キロの範囲で行うものなのですが、当社は15キロも離れた顧客まで回っていました。このような差別化により営業は順調に推移し、１年後には従業員５名を抱えるようになりました。

その後１９７４年、リネン事業を立ち上げました。これは当時、八ケ岳南麓がリゾート地として開発されるようになり、民宿や旅館、ペンションなどのクリーニング需要が高まったからです。それと、クリーニングの仕事は季節変動が激しく、特に冬物衣類がクリーニングに出される3、4、5月は繁忙期となり、夏場に売り上げが減少するという傾向があります。このため、避暑地として利用される八ケ岳南麓のリゾート地の需要は閑散期の仕事量をカバーしてくれるというメリットがありました。八ケ岳南麓までは30キロほどの距離がありますが、遠隔地への外交という創業当初からの強みを生かすことで、夏場の需要をうまく取り込むことができました。これにより当社は大きく飛躍、拡大しました。

このような経緯により、当初は5人の社員数でしたが、現在は82名の規模となっています。このうち正社員は34名で残りはパート社員です。また、正社員34名のうち20名が障がい者で、知的障がい者18名、精神障がい者1名、身体障がい者1名という内訳になっています。障がい者の社員は寮に4名、グループホームに4名が暮らしており、残り12名が自宅から通ってきています。

人手不足を補う戦力

障がい者雇用のきっかけには2つの出来事があります。

最初は創業当初のことです。クリーニングの外交で訪問していた顧客宅に中学生のお子さんがいました。このお子さんが中学2年の時に聴覚障がいをひきおこす病気を発症してしまったのです。中学校を卒業しても就職先がないため、鈴木さんが「うちで働いてみてはどうか」と採用したのです。

　就業上の課題は、聴覚障がいによるコミュニケーションのギャップをどのようにするかということでした。鈴木さんは「短い言葉で、口を大きく開いて、ゆっくりと、ジェスチャーを交えて話すことによりコミュニケーションがうまくとれた」と話します。この社員は15年間勤務したのち、残念ながら病気が悪化し退職しました。

　もう一つのきっかけはリネン事業の拡大によるものです。リネン事業はリゾート地開発の進展とともに仕事量も拡大していきました。しかし、問題は工場の人手不足でした。この問題をどのように解決しようかと思案したところ、障がい者雇用に思い至りました。１９８３年に授産施設から知的障がい者１名を採用し、その後、１年ごとに１名ずつ採用するようになりました。

　現在では正社員の約６割が障がい者となっています。最初に聴覚障がい者を雇用したことにより、しっかりとコミュニケーションをとって心理的な面まで理解して対応すれば、障がい者でも十分に力を発揮してくれることがわかったのです。

　鈴木さんは「障がい者雇用は一人ひとりの特性に適した職種を担当してもらうことが大切」と強調します。同社では、知的障がいのある社員は洗濯工程から出てきたシーツを次工程のフィーダーにセットするなどの仕事を、身体障がいのある社員は染み抜きなど技術的な仕事を担当しています。また、精神障がいのある社員は事務的な仕事を担当していますが、労働時間を短くするなどの配慮をしています。このような取り組みの積み重ねにより20年、30年勤務の障がい者も多く、長期雇用を実現しているのです。

相互に理解し合うということ

授産施設から障がい者を採用し、人数が増えてきた時にある事件が起こりました。同社の障がい者社員たちを「鈴屋一個連隊」という呼び名で嘲笑するという話が、地域で広まったのです。これは当時駅前にあった商業施設の食品売り場で、知的障がいのある社員たちが試食品を一団となって食べるという行動をしてしまったからです。この団体を「鈴屋一個連隊」と称したわけです。

このことを聞いた鈴木さんは、地域の人々に対して怒りを覚えました。それは、地域の人々が障がい者のことを理解しようせず、思いやりのない反応をしたからです。鈴木さんは自治会などの会合で、ハンディキャップのために団体行動をしなければならない旨を説明し、偏見の目で見ないようにお願いしました。もちろん、障がい者社員にも非がないわけではありません。鈴木さんは団体行動での試食はしないように指導し、やがてこのようなことはなくなっていきました。

このエピソードには同社における障がい者雇用の成功要因が隠されています。それは、「周りの人たちの理解」ということです。鈴木さんは最初に聴覚障がい者を採用した際に、「短い言葉で、口を大きく開いて、ゆっくりと、ジェスチャーを交えて話す」というコミュニケーションのポイントをつかみました。これは相互理解のための方法です。つまり、相互に理解し合えば良好な人間関係が築かれ、仕事もうまく回るということなのです。

鈴木さんは障がいのある人の心理を理解して対応するようにと社員に指導しています。障がい者雇用には自分の家族に対するような思いやりをもって接することが大切で、これは社内だけではなく地域社会にも求められることなのです。

経営の安定化と次なるステージ

現在の売上高構成比は、リネン事業3分の2、ホームクリーニング事業3分の1となっています。リネン事業はボリュームはあるのですが、下請け的な仕事も多く、利益率が低いことが課題です。そのため、今後は利益率の高いホームクリーニング事業の割合を高め、2分の1までにアップし、経営をより安定させることを目標としています。

また、後継者として二人の息子さんが働いており、次男の英和さんは専務として、三男の和臣さんは営業担当として現場で修業中です。事業承継後、鈴木さんはかつての授産施設的な機能をもった施設を経営したいという夢をもっているそうです。（岡野哲史）

障がいのある娘から学んだ「当事者の視点」で、幅広く事業を展開する社会福祉法人

社会福祉法人　アンサンブル会

知的障がい者の自立した生活とは

社会福祉法人アンサンブル会は、豊かな自然環境に恵まれた長野県伊那市と松川町で、知的障がい者の自立支援を行うための多機能施設やグループホームを運営しています。２００１年11月、知的障がいのある娘さんを持つ小椋年男理事長が、全くの素人の状態から立ち上げました。

障がいのある人でも楽しく充実した人生を送り、親からも経済的にも自立した社会生活を実現できるように、ここには昼間働く職場（通所施設）と、生活の場（グループホーム）の両方があります。施設のメンバーは、同じ障がいのある仲間同士でグループホームで共同生活をし、隣接する職場で働いています。その給料と障害年金とを合わせた収入で家賃などの生活費を支払い、自立した暮らしを実現しているのです。

アンサンブル会では、野菜栽培やクッキーづくり、カフェ事業、薪作りなど、幅広く事業展

開しています。どの分野においても、障がい者が労働を通して社会とつながり、生きがいを感じられることを前提としています。一生懸命働いて作った商品が売れ、人に喜ばれることは、自立への歩みを進める原動力となっています。

登校拒否の娘が生き生きしはじめた

今から約30年前、東京でサラリーマンをしていた小椋さんは心の病に苦しみ、南信州の山里、現在の松川町に家族全員で移住します。移り住んだ先は人情に厚い土地柄で、一家は村の人々に温かく受け入れられました。知的障がいのある娘さんも、学校でも地域でも分け隔てなく、大切にされながら幼少期を過ごしたそうです。しかし、娘さんは5年生の頃から登校拒否になります。恵まれた環境の中で、これまで平穏に通学していた娘さんが、なぜ大騒ぎをしてまで登校を嫌がるのか、周囲は全く理解できませんでした。

娘の中学進学をどうするか。徹底した統合教育論者であった小椋さんは、悩みに悩んだ末、養護学校への入学を受け入れます。すると、娘さんは生き生きと養護学校に通い、どんどん明るくなっていきました。その姿を目の当たりにし、小椋さんは気付いたのです。障がいのある当事者が本当に欲しているものは何か。それを考えなければならないということに。

小椋さんは、知的障がいのある生徒たちが、卒業後も安心して人生を歩んでいける場を作ろうと思うようになります。娘さんが高等部に進級すると同時に、そのためのアクションを開始しました。それが、現在のアンサンブル会の活動の原点です。

目線の高さの等しい仲間

小椋さんの「気付き」についてもう少し詳しく述べます。小椋さんは娘さんを町の中学校に通わせるつもりでした。ところが小学校の教頭先生より、養護学校も進路として考えてみてはどうかとの提言を受けます。小学校の野外行事の際、キャンプ場で偶然一緒になった養護学校のグループに彼女が自ら歩み寄り、とても楽しそうな表情をしていた、というのです。

小椋さんは、不本意ながらも、体験入学のために娘さんと養護学校の門をくぐります。島流しにあったような無念の思いを禁じ得ない父とは対照的に、彼女は養護学校を大変気に入りました。「絶対あそこに入る！」と言って譲らず、最終的に入学を認めざるを得ませんでした。

養護学校に入ったことで、彼女は目線の高さの等しい仲間に出会うと同時に、身体障がいのある生徒の手助けをすることにもなりました。これまで庇護される一方の存在であった彼女にとって、ケンカもする、助け合いもできる環境は、どれほど新鮮に映ったことでしょう。彼女は何があっても欠席せず、しまいには養護学校の宿舎へ入りたいと言い出すほど、充実した学校生活を送ることとなったのです。

そんな娘さんの様子を見て、小椋さんは、今まで自分がよかれと思ってしてきた健常者との統合教育が悲惨な結果を生んでいたことに気付きました。そして悩み抜いた末に、「当事者は誰なのかという視点が抜けていた」という結論に至りました。当事者は親ではなかったのです。

今、アンサンブル伊那には重度の知的障がいのある方々の姿もあります。驚いたことに最重度の方も含めて、全員が毎朝、通所施設に「通勤」しています。「障がいがあろうがなかろうが、仕事を通じて社会参画を行うことが自然なあり方なのだ」と、小椋さんは言います。

楽しく自立するためには、多くの人に選ばれる商品を考えださなければなりません。そのために職員は日々、ビジネス感覚も磨いています。新たな事業として、林業の活性化や森林整備への貢献を踏まえて、間伐材を使った木工製品の製造や、全国的にも珍しいヒノキの畳床の製造もスタートしました。補助金に頼らない施設整備に向けて、さらに実力をつけていくことも目標の一つです。

医療機関との連携も視野に

団体設立から十余年、小椋さんは妻の雅子さんと二人三脚で活動を積み重ねてきました。「百年後も千年後も、我が同胞たちは一定の割合で生まれてくる。望まずして障がいを負った彼らの運命の天秤の傾きを、少しでも水平にすることが使命」と小椋さんは語ります。そして、人として誰もが等しく生きられる社会の実現を願い、障がい者が安心して地域で働き暮らしていくための支援を続けていきます。

将来的には、現在医学部に通う息子と協力し、医療機関の併設や、医療連携サービスを行うことを視野に入れています。

「障がい者支援は人類の叡智である」と熱く語る小椋さんの、今後の活動から目が離せません。

（杉山宏）

農業と福祉を融合した
ユニバーサル農園を目指す農業法人

農業生産法人　京丸園株式会社

「お給料も要りませんから」

低所得、高齢化など数々の問題を抱える農業のなかで、リーマンショックや東日本大震災後にも業績を伸ばし続ける農業生産法人が静岡県浜松市の中心地にあります。京丸園株式会社です。京丸園はもともと400年近く続く個人経営の農家でしたが、2004年に法人化し、現在は13代目の鈴木厚志さんが社長を務めています。従業員は62人で、主に水耕栽培でみつばや葉ネギなどを栽培しています。社名は60年に1度だけ咲く伝説のぼたん「京丸ぼたん」から付けられています。

鈴木さんは農林短大卒業後に就農し、10年間一心不乱に働きました。しかし今から約20年前、30歳の誕生日を迎えたときに、10年前と何も変わっていないことに気付き愕然とします。鈴木さんは「自分は農作業はやってきたが、農業経営の勉強はしてこなかった。何のために農業をやっているのか、目的やゴールを決めないで人生を過ごし仕事をするのはどうなのかと自問し、経営を勉強するようになりました」と当時を回想します。祖父母、父母、鈴木さん夫妻の6人とパート4人で朝から晩まで働いていましたが、しょせん個人農家であり、とても農業経営とはいえない状況が鈴木さんを奮い立たせたのです。

家族経営から企業経営へと脱皮するために、社員の採用を行うことになりました。20年前は、パートの募集をしても応募は少なく、高齢者ばかりだったそうです。そのなかに障がい者が母親と連れだって応募してきました。鈴木さんは障がいについての知識がなく、接し方がわからなかったので、障がい者からの応募をすべてお断りしていました。障がい者には農業はできない、障がい者雇用は大きな会社がすることだとも考えていたからです。

面接には大抵、母親と障がいのあるお子さんが2人で来られ、「この子を雇ってください」とお願いされます。鈴木さんがお断りすると、あるお母さんは深々と頭を下げ、「私も一緒に働きます」。それでもお断りすると「お給料も要りませんから」と言われたそうです。当時30歳の鈴木さんはこの言葉が理解できませんでした。お金を稼ぐために働くのに、給料が要らないなんてこの人は何を言っているのだろう。この母親はおかしいのではないかと思ったそうです。

しかしその後も障がい者の応募は続きました。なかには涙をあふれさせて懇願する母親もいました。やがて鈴木さんは、そんなお母さんたちの姿から、人はお金を稼ぐためだけに仕事をするのではなく、この世に生まれたからには自分の力を社会に生かしたい、役に立ちたいという気持ちがあることに気付かされます。

　それでも鈴木さんは、彼らがなぜ応募してくるのか不思議に思い、あるとき福祉施設の人に話を聞きました。すると、工業界では障がい者が働く場がなくなっていたのでした。機械化や工場の海外移転が進み、部品検査などの仕事がなくなったからです。商業界でも小売りや飲食の現場でも、障がい者の仕事はありませんでした。チェーン店化が進み複数の仕事をシステム的にやらなければならないため、マニュアル通りに業務をこなすことが苦手な障がい者は採用されにくいのです。

　障がい者に仕事がない状況のなかで、農業なら自分の子どもにもできるのではないかと母親たちは考えたのです。しかし農業もそれほど簡単ではありません。そこで鈴木さんは彼女たちに率直に、農業のイメージを聞いてみました。すると「うちの息子は体力だけはあるので、重たい肥料を運べます」「根気があるから、草取りもちゃんと教えればできます」といった声が返ってきました。彼女たちは農業の作業を分解し、「この部分なら障がいのあるわが子でもできる」と考えていたのです。

　しかし鈴木さんは、「農業は職人の世界。全部やらなければ納得がいかないものだ」と考えていました。「農業者は、種をまいて立派な農産物を育てて、初めて立派な農業者といわれる。草取りだけできても、肥料だけ持てても農業者といえない」。しかし何人ものお母さんたちとやりとりをするうちに、「農業も作業分解すれば、いろいろな仕事がある。仕事を分けていけば面白いのではないか」と考えるようになりました。「確かに重たい肥料を担いでくれる人がいれば、自分は違う仕事ができるかもしれない。もっと大きな面積で農産物を作ることができるかもしれない」と。

そして、母親たちは自分の子どもを農業者にしようと思っているのではなく、働く喜びを感じ、人からありがとうと言われるようになってもらいたい、多くはなくても対価がもらえ、一人でも生活できるようになってもらいたい、と思っていることを知ります。彼女たちは自分が死んだ後にわが子が一人でやっていけるのかが心配で仕方がない。だからこそ何とかして働かせてやりたいと思っていたのです。

障がい者は福祉施設にいれば、人に世話をしてもらうばかりです。しかし産業界にいれば、自分の働きが社会の何らかの役に立っていると実感できます。たとえ草1本取ることであっても、ありがとうと言われて人の役に立つことは障がい者にとって意味がある。その話を聞いて鈴木さんは、ついに障がいのある応募者の採用を決断したのです。

農業は総合力

障がい者を職場に迎えた当初、彼らがいじめられるのではないか、パート社員が辞めてしまうのではないかと心配だったそうです。しかし心配は無用でした。逆に元からいたパート社員たちは彼らを支えてくれました。足の悪い人が後ろを通ろうとすると、椅子を引いて通路を広くする。何か取ろうとして困っていたら、代わりに取ってあげる。自分のことをさしおいても彼らの世話をしようと、従業員が優しくなっていったのです。

農業は手作業が多く、出荷のための箱詰め作業などは、みんなで車座になって行います。職場が優しい雰囲気になるにつれ、思わぬ変化があらわれました。手作業が速くなり作業効率が顕著に上がっていったのです。障がい者の能力は健常者に比べると決して高くはありません。しかし、たとえ個々人の能力が半分しかなくても、障がい者と一緒に作業することで全体の効率が上がるのならば、こんないいことはありません。彼らと一緒に働くことで優しい農園ができるのではないか。目指している農場ができるのでないか。鈴木さんは、農業は総合力であると考えるようになっていったのです。

こうした経験から1年に1人以上は障がい者を採用することにし、現在、障がい者21名を雇用しています。鈴木さんは、障がい者と一緒に働くようになって、健常者よりも障がい者の方が働くことの意味を知っていることや、誠実に働くことも実感したといいます。健常者はどうしても仕事とお金が切り離せません。しかし障がい者たちは、つらい仕事をそんなに高くもない賃金で、文句一つ言わず黙々とやり遂げて帰っていくのです。そうした経験から「障がい者と一緒に仕事をさせていただく自分たちの方がありがたい」と思うようになりました。

平成9年に1人目の障がい者を採用したころの売上は6500万でした。現在の売上は2億8千万と4倍以上に、従業員数は6倍になりました。この数字が、障がい者が企業にとって決してハンディでないことを証明しています。

農業を通じて人の幸せを創造していく

今、農業は非常に厳しい状況にあり、もうからない産業なので所得補償をしなければならないといわれています。なかには、京丸園は障がい者を安く使っているのではないかと勘ぐる人もいます。「それは違います。障がい者に農業の現場に入っていただくことで、農業のやり方を変えていこうというのが私たちのスタンスです。障がい者がいたからこそ、新しい農業のやり方や新しい商品が開発されたのです」と鈴木さんは話します。

京丸園には、障がい者の働き方を応援する「心耕部」という部署があります。障がい者にとってやりやすく、早くできる方法を考える部署です。例えば片手しか動かせない人が入社したら、その人が作業できるように方法や農機具を変えなければなりません。それは一見面倒なことかもしれませんが、今までの農業のやり方を変えて生産性を向上させるきっかけにもなります。障がい者がやりやすくなるということは、多くの場合は健常者にとってはさらにやりやすくなるということ、さらには現場の生産性向上にもつながるのです。京丸園が行っているのは、福祉のための障がい者雇用ではありません。農業と福祉を融合し、農業の振興や活性化を図るのが、鈴木さんが目指しているユニバーサル農園なのです。

農業を通じて人の幸せを創造していく、農業を活性化することでいろいろな人が働けるようになって日本の農業が強くなることを、京丸園は目指しています。そのためには彼ら障がい者が必要なのです。「私たちは障がい者に来ていただき、教えてもらっている方であり、最近よく障がい者を助けているとほめられますが、実は逆なのです」と鈴木さんは話します。産業界の中で福祉を考えることが、産業を活性化させる上でも重要です。鈴木さんは、障がい者を雇用した組織が業績も上がる事実を、ほかにも広げていきたいと真剣に考えています。(藤井正隆)

富士山のふもとで家族的経営を貫き、人を大切にする精神で成長する会社

有限会社　山梨製作所

グローバル化する市場に対応

有限会社山梨製作所は、自動車用エアバッグの関連部品を製造する社員約50名の中小企業です。新富士駅から車で30分ほどの富士市内にあり、社屋の背後に雄大な富士山を頂く自然豊かな環境に立地しています。

エアバッグは、今では誰もが知る自動車の衝突時に効果を発揮する乗員保護装置ですが、同社はこの人命を守る重要な装置の一部を製造しています。2年前には九州工場を開設し、さらに世界的な需要に対応するため現在はメキシコのケレタロに工場建設を進めています。

正規従業員52名のうち、障がい者は14名。内訳は知的障がい者10名、知的重度障がい者2名、身体障がい者2名です。率にして27％の障がい者を雇用しています。同社は島根県出身の現社長山梨健二さんがサラリーマンから独立して家族経営から始め、１９８０年に現在の地に移転

して法人化を果たしました。

家族のように若者を迎えて

同社の障がい者雇用のきっかけは、今から25年前の1990年に山梨さんの奥さんの中学校時代の恩師から相談を受けたことにさかのぼります。恩師は、当時の教え子で公立中学の特殊学級に通っていた男子生徒を「きっと社会に出てからも、人との関係で苦労するだろう」と心配していました。言葉に障がいをもっていたため周囲に意思を伝えにくかったのです。

恩師は、その子を家庭的な環境で働かせたいと考えて、中学生当時から面倒見のよかった奥さんと、職人としての厳しさを持つ山梨さんの器量を頼って、その男子生徒の採用を2人に懇願しました。

山梨さんにはもともと、「障がい者だからといって特別扱いすることはおかしい」という考えがあり、奥さんと話し合い、男の子を家族のように迎えることにしました。

特別扱いをしないといっても、部品の製造はプレス機を中心とする危険と隣り合わせの作業で、障がい者が働く環境として適していませんでした。ですから、はじめはテープ貼りなど単純で安全な作業に従事させることにしました。

半年もすると、彼は周りの工作機に興味を持ち、山梨さんに「自分もやってみたい」と申し出ました。しかし当時の機械は安全装置がついていないことから、作業中にプレス機にはさみ込まれれば、指や腕の切断という取り返しのつかない大事故となってしまいます。それでも仕事を通して一人前の大人に育てたいと考えていた山梨さんは、彼の願いを何とかかなえようと従業員と相談して、作業効率が落ちることを恐れずに補助者をつけて、徐々に仕事の幅を広げていきました。

周りで働く従業員のサポート体制を確立してから次に行ったことは、設備面での徹底的な安全管理でした。プレス機のスイッチを両手押し式に変えることはもとより、赤外線で手元を監視し、はさみ込まれる危険がある状態では絶対に作動しない装置をつけるなどして、すべての従業員に対する安全対策を施していきました。

「家族ぐるみの経営は8時間のつきあいだけでない」

誰もが安全に働ける環境を整えた山梨さんは、それから徐々に障がい者の採用を増やしていきました。その頃すでに山梨さんは障がい者の能力に気づいており、状況によっては同じ時間内に通常の数倍の部品を、品質よく仕上げることも現場で見て知っていました。山梨さんの信念は「人は誰でもその人の特性にあった条件で働けば、障がいがあろうと何も変わらない」ということです。

同社のよさは、従業員すべてに対して家族同然の扱いをしてつきあうところですが、やはり障がいのある従業員には、特別な配慮が必要となります。そのために、総務を担当する奥さんが毎月1回以上の面接をしています。仕事上のトラブルは周囲の人の支えでカバーできますが、障がい者は私生活のことで発生するさまざまな問題が、仕事を続けていく上で大きな障がいになってしまう場合があるのです。

そこで奥さんの温もりある性格と適切な状況判断力が光ってきます。面接では、紙面で書けないような深刻な悩みを引きだします。そういう細やかな心配りを、シンプルかつ確実に実行しているのです。

このようにして数々の個人の危機を、山梨さんと奥さんが救ってきたことによって、採用された者が辞めない、障がい者の定着率の高い、強固な雇用の場が創られてきました。

「家族ぐるみの経営というのは8時間のつきあいだけでない」と山梨さんは言います。さまざまな悩みや問題を抱えながらも、奥さんの深い愛情と山梨さんの目配り気配りにより、障がい者が安心して、適材適所で十分な力を発揮しているのです。

また、彼ら彼女らの仕事に対する実直な姿勢は、他の社員にもいい影響を与えています。それが会社発展の原動力となっており、家族的な雰囲気の中で健常者と障がい者が理解し合い、助け合い、協力し合って作業をしている姿は、山梨さんの誇りとなっているそうです。

人を大切にして生きる精神

最後に、これから障がい者雇用を考えておられる経営者に対して、山梨さん自らの経験に基づく3つのアドバイスをいただきました。
1「会社の中では障がい者として扱わない」（平等に責任を持たせることは、従業員と本人の成長のためにも必要）
2「できれば事業規模が小さい時から小さく始める」（本人にも経営者の学びの上でもメリットとなる）
3「同じ養護学校などから2名を同時に採用する」（同じ境遇で育った人間同士、相談相手になれる）
「障がい者が、親亡き後も自立した生活ができる」ことを目標に、社員一人ひとりの能力を最大限に発揮できる働く場を提供し、「人を大切にして助け合って生きる」を精神として歩み続けていく山梨製作所は、世界文化遺産「富士山」のふもとにふさわしい、障がい者雇用でがんばる企業です。（小林浩幸）

重度障がい者雇用を使命とし、年間見学者2000名を集める特例子会社

サンアクアＴＯＴＯ 株式会社

障がい者雇用モデル企業人

サンアクアＴＯＴＯ株式会社は、北九州空港から車で30分ほど走った小高い丘の上にあります。１９９３年2月、便器で有名なＴＯＴＯ株式会社（出資比率60％）、福岡県（同20％）、北九州市（同20％）による第３セクターの特例子会社として発足しました。仕事は１００％ＴＯＴＯの仕事です。

２０１４年で創業20周年を迎えますが、従業員89名のうち視覚障がい１名、精神障がい４名、知的障がい９名、下肢不自由25名、内部疾患２名、聴覚障がい８名、トータル49名の障がい者スタッフが元気に働いています。

２０１２年にはアビリンピック全国大会３位入賞、２０１３年には「平成25年度障害者雇用優良事業所厚生労働大臣表彰」受賞。従業員一人ひとりが、障がい者雇用モデル企業人として他の多くの障がい者就労支援につながるように日々努力しています。

素人社長の熱い思い

現在の西村社長は2008年に就任。障がい者雇用については全くの素人でしたが、長年の会社勤めの最後のご奉公と思い社長を引き受けたそうです。

就任当時の同社は、工場設備はよいが、「障がい者は見世物ではない」という考えから、とにかく静かに穏便に運営されていました。西村さんは、そこで働く社員の表情や職場の雰囲気が暗いことを肌で感じ、「これではいけない！」と思い大改革に取り組みます。

まず、親会社を巻き込んでの会社見学を強化し、オープンな会社にすることにより、職場改善と社員のモチベーションアップに努めました。親会社が取り組んでいるキャリアアップの仕組みを導入し、障がいのある社員の状況をスキルマップにまとめ「見える化」を実現。さらに、毎月一回「職場改善会議」を実施し、「ライフワークマネージャー」を任命して、障がいのある社員の相談や安全対策を整備しました。

こうした改善活動の結果、障がいのある社員の視点による職場環境の改善や業務効率の工夫改善に結びつき、健常者も含め職場全体の活性化につながりました。そして、そのことは、健康状態の把握や、加齢に伴う体力低下の早期発見にもつながり、事前の安全対策を円滑に進められるようになりました。

職場改善のポイントは、ちょっとしたことでも障がいの度合いに合わせて仕事の仕組みを整備すること。それだけで、ぐんと働きやすい環境に改善されます。例えば、組み立てに使用する電動工具を、水や砂の入ったペットボトルの重さを利用して使用後に自動で吊るし上げる工夫であったり、作業台の位置や高さを細かく調整したり。どれも西村さんの「お金をかけずに知恵を使う」をモットーに、ほとんど経費はかかっていません。障がい者の困りごとを改善し、障がい者を生産活動の戦力とすることで、多くの見学者に気付きを与えることが話題を集め、年間２０００人の見学者が訪れるようになったのです。

障がい者になった経緯を語る会

西村さんの改革はこれだけではありません。「工場開放の日」と題して、工場見学と社員講話（自分を語る、会社を語る）の会を定期的に開催しているのです。とくに注目したいのが社員講話です。自分がどのようにして障がい者になったかを多くの人の前で語るのです。講話で発表した人は、自身の体験を自分の言葉で語る中で前向きになれたといいます。

社員講話で自分を語った総務部の古賀光司さん（40歳、妻と子２人）もそんな一人です。彼は高校2年の春、登校中に、一台の暴走車により「即死でもおかしくない状況」という大事故に遭いました。救急車で運ばれ、10時間もの手術。１カ月半の間に4回手術をしました。当時17歳ということで、主治医も何とか足を残そうと懸命な治療をしましたが、傷口から菌が入り、生命も危ないとの判断から足の切断の宣言を受けました。「なんで自分が」という悔しさと悲しさで、親にあたり、見舞いの友人にも会えず、涙があふれ、眠れない日々が続きました。

そして、10カ月後にやっと退院。人前に出るのが嫌になり、落ち込んでいた彼を救ったのは、車いすテニスでした。やっと物ごとを前向きにとらえることができるようになり、高校卒業後、障がい者雇用のある地元の会社に勤めました。しかし、そこはバリアフリーとは程遠く、1年で退職しました。

その後、障がい者能力開発校に入り、サンアクアTOTOに入社したのです。「できなくなった事もたくさんありますが、楽しい事もたくさんある」と、ソフト・ハード面で充実したこの職場で、前向きに毎日を過ごせるようになりました。

後で知った事ですが、彼の母親は、切断した足を火葬してお墓に納骨していました。彼が人生を終えた時に足と一緒になれるようにと。彼は、辛くあたった母親に本当に「すまない」と思い、涙があふれて止まりませんでした。

もっと多くの方に見学してもらいたい

2017年、親会社であるTOTOは創立100周年を迎えるにあたり、グループ全社で障がい者雇用率2・5%を目指します。このサンアクアTOTOのような特例子会社がさらに増え、障がい者雇用促進が図られることを願っています。（斉藤和邦）

自らも努力して更生の道を切り拓き、設立目的と経営理念を高度に具現化した会社

株式会社　障がい者つくし更生会

退路を断っての決断

株式会社障がい者つくし更生会は、福岡県の春日大野城衛生施設組合から委託を受け、不燃性の粗大・資源ごみを選別・処理する施設の運転・管理業務を行っています。ＪＲ大野城駅から15分ほど歩いた住宅街の一角に施設があるため、初めて訪問する人はその立地場所に驚くそうです。

施設内では､ごみの選別と処理に関するさまざまな作業が行われています。施設全体にわたって清掃が行き届き、整理・整頓も徹底されているので、ごみ処理施設というより工場をイメージさせます。各作業場では障がい者と健常者が一体となって働いていますが、注意深く観察しても両者を識別できないくらい、とてもスムーズに作業が進められています。

創業者で、現在は顧問である小早川茂夫さんは、自身も障がい者であり、就職が困難で悔しい思いをしてきた経験があります。それだけに、障がい者の多くが「障がいがあっても働きた

い」という願いをかなえられずにいる実態を知れば知るほど、自分に何かできることはないだろうかと思案せずにはいられませんでした。

思案はやがて、「座して行政の福祉サービスに甘えるばかりではなく、自らも努力して更生の道を切り拓いていくべきだ」という強い信念へ変化します。小早川さんは、自身が経営していた会社を廃業し、仲間とともに1984年3月、「障がい者が自ら雇用の場を創造・開拓し、以って障がい者の自立更生を図ること」を目的として当社を設立します。59歳のときの決断でした。

小早川さんと有志は設立にあたり、福祉に依存しすぎず最低賃金の保障も果たすために、社会福祉法人ではなく株式会社での起業を目指しました。目的は利益追求ではなく「障がい者が夢と希望を持って働ける場づくり」であるため、配当を求めない協力者から出資を募ったのです。

集めた資金で必要な重機等を購入し、1年間ごみ収集などの経験を積み重ねます。その後、幾多の困難がありましたが、念願のごみ処理施設の運転・管理業務の受託にこぎ着けました。この業務受託は、決して約束されていたわけではなかったため、小早川さんと有志は「うまくいかなかった場合は、自分たちの家を売ってでも清算しよう」と覚悟していたのです。

業務受託後の懸命の努力により、この28年間少しずつ着実に成長を果たしてきました。現在の従業員38人中31人が障がい者(うち重度障がい者8人)です。障がい者の実雇用率は81・6%、法定雇用率は102・6%となっており、創業の目的は驚異的な数値で実現されています。

人間対人間として向き合う

障がい者を雇用し、共に働き、彼らの成長を促すという一連の活動は、まさに試行錯誤の連続で、コミュニケーション上の問題によって生じるトラブルに戸惑うことも少なくなかったそうです。それでも、障がい者と健常者を区別することなく「お互い人間対人間として向き合う」という当たり前のことに正面から取り組むことによって、少しずつ道が開けてきたといいます。

長期にわたる地道な努力が実り、この数年間で、8つある部署のうち、6つの部署の責任者を障がい者が務める組織体制を構築することができました。ISO14001の認証取得や安全衛生委員会の設置を通じて、組織力の向上も図っています。また、能力開発や資格取得による従業員の多能工化も進めています。2013年4月現在、23人の障がい者が、最終処分場技術管理者、車両系建設機械、フォークリフト、クレーン、危険物取扱者等の資格を取得しており、今後も資格取得者は増えていく見込みです。

先日、取材のために訪問した際、8名の障がいのある方（身体・知的・精神）にお話を聞かせていただきました。みなさんから、仲間とのコミュニケーションをとても大切にしていること、今の仕事に誇りと情熱を持って働いていること、そして、この会社でずっと働きたいと思っていることがひしひしと伝わり、目頭が熱くなることが何度もありました。また、「会社が楽しいから、障がいがあることを忘れてしまいます」という言葉には、とても深い感銘を受けました。

障がい者と健常者は一体となれる

障がい者つくし更生会は、ごみ処理施設の運転、維持・管理の質と内容が全国でもトップレベルという評価を受けています。それに加え、障がい者の雇用率・定着率が高く、助成金や補助金に頼らない経営を実践しているなどの特長を持っているため、廃棄物処理業界、障がい者就労支援の関係者はもとより、全国の教育・研究機関、一般企業などからの視察が絶えません。

設立以来、「障がいがあっても、物心両面の環境が整えば一人前の仕事ができる。障がい者と健常者は一体となれる。それを証明し伝えること」を企業の使命（経営理念）に掲げ、日々の実践によって積み重ねていること、つまり「障がいを持っていても仕事を通じて成長することができる」という事実の厚みが、多くの人々に希望と感動を与えているのです。

先代の経営理念を受け継ぐ現代表取締役の勝野明美さんは、「障がい者雇用に対する理解促進のための視察・見学に加え、障がい者の就労機会の拡大に少しでも貢献するために、実習や研修の受け入れをより積極的に行っていく」と言います。

「社員が大切にしたい会社と思い、社会からも必要とされる会社であり続けること」を目指して、経営理念をさらに高度に具現化するための実践が今日も続いています。（徳丸史郎）

それぞれの能力を磨き、障がい者100%の会社をつくりたい

有限会社 プラスアルファ

障がい者の自主性を支援

有限会社プラスアルファの本社兼工場は、福岡空港から車で20分ほど走った準工業地域の一角にあります。この地は、創業者である小川社長が、「24時間365日営業」というそれまでのクリーニング業にない営業形態で事業を始めるに際し、選んだ場所です。

創業は1999年、社長以下4名でスタートしました。現在は工場で、従業員6名（うち障がい者4名）と、併設している一般社団法人友愛のアクト事業所（A型就労支援施設）の利用者が働いています。

同社の主な事業は衣服などのクリーニング業です。仕上がりの良さと迅速なサービスが口コミで広まり、広告宣伝費をかけずに顧客が広がっていきました。現在では、顧客は福岡にある多くの一流ホテルに始まって、大学、病院、企業、一般顧客にまで及びます。ちなみに、ホテルからの背広やワイシャツのクリーニングは、午前2時までに依頼があれば、朝7時には仕上

げて配達することができます。

同社は、障がい者が自主的に勉強する習慣を身に付けるよう、講習会への出席や国家資格への挑戦を奨励しており、小川さんは業務の合間を縫って、食堂兼会議室で障がい者にクリーニング師免許の試験科目を教えています。食堂兼会議室は、障がい者の方々の講習会修了証やクリーニング師免許が壁いっぱいに掲示されています。

努力は給料に反映される仕組みになっています。例えば、地区の消防署の防火管理の講習会に出席し修了証をもらうと、月給が１０００円上がります。国家資格であるクリーニング師免許を取得すると、月給は1年目に５０００円、2年目には６０００円上がります。

苦境からのスタート

小川さんは健康食品やインテリアの販売など、いろいろな事業を手掛けてきました。お金がすべてで、金儲けしか考えてこなかったといいます。そのため、一時的に成功しても失敗を繰り返し、いつも売り上げ確保に追われて心穏やかに経営に当たることは少なかったそうです。

あるとき親戚の方から、障がい者が恵まれない状況にあることを聞き、障がい者を雇用して事業を始めることが天命であると感じ、クリーニング業を始めました。

創業時は障がい者1名を含めて４名でのスタートでした。「24時間３６５日営業」で始めたものの、最初の年の夜間の売上はたったの３５００円。以前なら大いに慌てるところですが、小川さんは、「需要はある。障がい者を訓練してよいサービスを提供すれば、需要はついてくる」と考え、焦らず営業を続けたのだそうです。

最初に雇用したAさん（知的障がい）は今でも同社で働いています。

仕事を覚えてもらうコツ

真夏の午後。訪れた作業場はものすごい熱気でした。その暑さの中、障がい者の方々が、洗濯する人、アイロン掛けする人、クリーニングの配送の仕分けをする人など、和気あいあい、しかも、元気いっぱいに働いていました。

クリーニング部門の責任者は知的障がい者のB君です。正社員として働き始めて3年目、月給は20万円。サッカーが趣味ですが、目下、責任者として多忙でなかなかプレーする時間がないのが悩みとのことでした。

同社には、今年採用したみなみさん（身体障がい）が作ったクリーニングの工程を描いたイラスト集「イラストで覚えるカモ」が備え付けられています。服の検品（シミ・破れなどのチェック）、タックの付け方に始まって、最終工程の包装に至るまで、少女漫画チックに丁寧に描かれています。

小川さんの経験では、健常者が障がい者に教えてもなかなか覚えてくれない、あるいは、「わかった」と言っても、実際にはわかっていないケースも多いとのことですが、イラストを使って障がい者が障がい者に教えるシステムにするとのみ込みが早く、しかもチームワークがよくなるという利点があるのだそうです。

たまたま、みなみさんはイラストの才能があったので、ひととおりクリーニングの工程を実習した後、イラスト集の作成をやってもらったそうです。小川さんは、このみなみさんの例のように、障がい者は意欲を引き出すように応援をすれば、ますますスキルアップすると考えています。

同社には、福岡のホテルに宿泊する芸能人、スポーツ選手などからこの会社を指名してクリーニングの依頼があるそうです。大リーグで活躍するダルビッシュ選手も、かつては同社の顧客でした。

自分たちのクリーニングした衣装を身に着けて活躍する芸能人やスポーツ選手をテレビで見て、障がい者の方も自分の仕事に誇りを持つようになっていると小川さんは言います。

ダイヤモンドの原石

同社の社是は「自主」「努力」「協同」「友愛」「節倹」。トップに「自主」をおいて、何事も自分から率先して実践行動することを求めています。小川さんに言わせると、障がい者はダイヤモンドの原石であり、磨けば磨くほど輝いてくるのに、社会も学校もまた、障がい者自身も磨くのを怠っています。

社長は、障がい者にできる仕事を増やしていけば、もっと障がい者を雇用できると考えています。例えば、現在、ホテル関係の仕事は衣類のクリーニングが主ですが、客室のレースカーテン、マットレス、浴室のシャワーカーテンなど、雑把類へのクリーニングの拡大を図る方針です。

また、NPO法人には、今のところ、クリーニング業主体のアクト事業所しかありませんが、新たに事業所をつくって調理業など他の分野にも進出したいと考えています。

もっと大きな夢は「障がい者100%の会社をつくること」です。障がい者には各々得意分野があり、その得意分野を合わせることで障がい者だけの会社をつくることができるはず。障がい者が何の気兼ねもなく伸び伸びと働ける環境を目指します。（塩入正敏）

第5章

なぜ地域に愛されるのか

震災を乗り越え、障がいがあっても働けるやさしい地域づくりを地元の市民、企業を巻き込んで取り組む会社

株式会社 大場製作所

地域社会で支えたい

株式会社大場製作所（宮城県栗原市）は、東北新幹線仙台駅から2駅先の、くりこま高原駅で降り、車で10分ほど走った田園風景の広がる中にあります。業種は製造業で、自動車やトラクターなどの電装品の生産や携帯電話の加工をしています。東日本震災前の従業員は62名。知的障がい者2名、精神障がい者12名がフルタイムで働いていました。そのなかには10年以上続けて働いている人もいました。震災後、規模を大幅に縮小し、社員数は現在26名で障がい者雇用は精神障がい者1名ですが、そのほかに現在はＮＰＯサン・エー（就労継続Ａ型事業所）を設置し、精神障がい者を中心に現在15名（プラス職員3名）が働いています。ＮＰＯサン・エーは大場製作所と委託契約を結び、全員製作所内で働いています。通算18年や16年も働いている人もいるのです。会社の創業は１９８７年で、先代社長の亡き後、１９９０年４月に法人化し、後継者として大場俊孝さんが2代目社長となり現在に至っています。

大場さんは２００５年、ＮＰＯ法人全国精神障害者就労支援事業所連合会の理事長を務め、２００６年に厚生労働大臣表彰（精神保健福祉事業功労）、２００８年に第10回ヤマト福祉財団小倉昌男賞を受賞しています。

精神障がい者の就労は、３障がいのなかで一番難しいといわれています。なぜなら、知的や身体の場合は症状や障がいが固定していて、周囲からの理解も得られやすいのですが、精神の場合は症状が固定せず波がみられ、また、周囲から症状がわかりにくいという特徴があるからです。精神障がい者の就労では、企業と医療機関とその職場で働く人々の理解が重要なポイントとなります。

２００８年、障がいを抱える就労希望者が多くなり、地域社会で何とか支えられないかと思案した大場さんは、地元の企業にこの思いを伝えました。この志に栗原市の企業15社が賛同して集まり、特定非営利活動法人栗原市障害者就労支援センター（ＮＰＯステップアップ）を設立し、就労移行支援事業をスタートさせました。企業がＮＰＯ法人を立ち上げ、就労支援に取り組むというソーシャルビジネスモデルは全国で初の取り組みでした。現在は23社の企業経営者が運営しています。大場さんはこのセンターの理事長を務めています。２００９年４月には、センター内に就労継続支援Ｂ型事業も立ち上げました。現在では栗原市の地域活動支援センター３カ所の委託、国・県の事業である障害者就業・生活支援センターも委託を受け、合計４種類の事業を展開しており、これまで１００名以上の人たちを地域の職場（就職）へと送り出しています。施設内訓練より企業内訓練が効果的という実践で学んだ考えのもと、実際の企業の中で働く力を養い、段階的に雇用へ結びつけています。

あせらず、あわてず、あきらめず

大場さんは、社長就任以前は、県職員として病院に勤務していました。父親が急逝したことにより後継者になったわけですが、「仕事は健常者だけのものではないはず。障がい者にもできる仕事はある」という信念で会社内に精神障がい者を迎え入れました。大場さんは「障がい者にとって働きやすい職場を提供できるようにするのが企業の社会的責任」といいます。経営理念は「あせらず、あわてず、あきらめず」。これは、長年、精神障がいのある方々と真摯に向かい合ってきた大場さんゆえの言葉だと感じます。なぜなら、彼らは一気にがんばりすぎて力を抜くことができず、エネルギーを使い果たして長続きがしないといわれており、それが仕事のなかで障がいという形で表れやすいからです。

現場での経験は、同社の「障がい者を受け入れるための4つの基本的考え」に結びついています。それは①病気を隠さず、通院・服薬をきちんとすること、困ったらなんでも相談する（会社内にいつでも相談できる「相談室」を設置)、②社会適応訓練など短時間の訓練からフルタイム雇用へのステップアップを目指す、③慣れると潜在能力を発揮する人が多く、仕事面・雇用面での差別をしない、④当初働けなかった人を指導し、その可能性を伸ばすための社員の関わりや喜びが、即ち会社全体としての「社員教育」であること、です。当事者のみなさんには通院や服薬、体調管理、相談の大切さを強調、一緒に働く現場の社員には配慮事項をきちんと伝え「みんなで支えること＝お母さん役」を義務化しています。調子の波はあっても働ける喜びは本人だけではなくかかわった周囲の社員にとっても大きな喜びになっています。25年も障がい者とともに活動・体験してきた大場さんだからこそ言える言葉だと思います。

働くことを諦めるな

東日本大震災後、取引先から大きなコストダウンを強いられ会社の利益がなくなりました。大場さんは、「今まで雇用していた精神障がい者を直接雇用することができなくなり、大変くやしい思いをしました」と語ります。健常者は、どこでも働くことができるが、精神障がい者はほかに働く場所がなくて途方に暮れたのです。そのとき大場さんは、「障害者自立支援法」（現在は「障害者総合支援法」）という障がい者の生活と就労を支える法があり、そのなかに就労継続支援A型事業という制度があることを知っていました。そこで県の障害福祉課に相談し、県の指定を受けてNPOサン・エーを設置し、会社の専務や担当と全障がい者がそちらに移籍しました。みんなが以前と同じ仕事につき、働く喜びで生き生きとしています。大場さんは、この方法を全国に広めたいと、日夜、講演に飛び回っています。

大場さんは、「精神障がい者は働けない」と決めつける考え方には反対で、障がいや病気があっても、本人に働きたい気持ちがあり、周囲の適切な支援があれば働ける人はもっと多いはずだと考えています。地元だけでなく全国各地の障がい者の就労や雇用促進の講演会などさまざまな機会を通じて、「働くことを諦めるな」と粘り強くアピールしています。

大場さんは、「今後も障がいがあっても働けるやさしい地域づくり、将来的には障がい者の方々に『栗原はどこでも働ける温かい地域、市民と企業が支えている就労支援がある地域』といってもらえることを目指している」と語り、今日も活動を続けています。（近藤博子）

障がい者雇用歴50年！我が子のように厳しく優しく育ててきた職場

株式会社 大協製作所

自動車産業の発展とともに

株式会社大協製作所は横浜と福島に工場がある自動車部品関連企業です。横浜本社はＪＲ保土ケ谷駅よりバスで約20分ほど、坂を少し上った高台にあります。１９５４年、現社長栗原敏郎さんの父親が創業し、主に自動車機能部品の亜鉛メッキ、研磨などを行ってきました。

現在は横浜本社、工場で46名を雇用していますが、そのうち障がい者は26名、うち重度の方が11名となっています。

同社は１９６０年代後半から、日本の自動車産業の発展と歩調を合わせるように障がい者雇用に取り組んできました。地元・神奈川では、障がい者雇用の先進企業として知られています。

工場の大切な労働力

同社の障がい者雇用の取り組みは、先代の学生時代の仲間で教職員だった人から頼まれたことがきっかけです。当時は、企業に障がい者の雇用義務などなく、先代が自らの志で取り組んできたのです。

1970年頃は養護学校もなく、障がい者に仕事を紹介するハローワークのようなものもありませんでした。障がい者雇用で金利を低く貸してくれるといった制度があるくらいで、20年もの返済計画が必要でした。

1975年頃のこと、横浜職業安定所より社会福祉法人恵和《けいわ》を紹介され、10人の知的障がいのある子を雇用することになりました。毎日、恵和の通勤寮から通わなければならないのですが、自分でバスに乗ったこともなく、仕事をしてお金をもらっても、どうやって使うかわからない子たちでした。恵和から朝と晩にバスを出して、送り迎えをしてもらうことになりました。

1978年頃のこと、大協製作所側が「うちで残業時の送りをさせてください」とお願いしました。その理由は、当時モータリゼーションの影響で、車がどんどん売れて工場の仕事量が増え、人手がもっと必要になったのです。障がい者たちに5時に帰られると困りました。時間外もやってほしいという状況で、会社のバンで残業者の送りをしました。

その頃の工場は、女性が中心の時代で、おばさんたちがいっぱい働いていました。おばさんたちは、障がいのある子どもたちを、我が子のように面倒を見てくれました。「その方たちがいなければ、その子たちを育成できなかったかもしれない」と、栗原さんは言います。

恵和の子どもたちは、日々自信がつき、仕事もできるようになっていきました。それまで親に家で面倒を見てもらうばかりで、一銭も稼ぐことができない状態から、自分で稼げるようになり、自分でモノを買える楽しみができてきて、いい循環が生まれました。

近年は大手企業が、仕事のできる知的と身体の障がい者を採用し、そのために中小企業は精神障がいの子しか採用できないという問題も抱えているそうです。

若者たちが生み出す活気

障がい者雇用に取り組み始めた当初、社内の健常者社員のなかには、会社側の考え方と相容れない方もいました。我々と障がい者のどちらをとるのですか？という社員もいました。残念ながら、その社員は退職していきました。障がい者雇用の道のりは、社内的にも平坦ではなかったのです。

各地に養護学校がつくられるようになり、保土ケ谷の養護学校の一期生などを受け入れてくれる会社として、大協製作所に声がかかりました。その頃すでに大協製作所は、障がい者の雇用が進んでいる会社だと、ハローワークでも名前が通っていました。

その当時はまだ、補助金が整備されていなかったこともあり、障がい者を雇用する企業は多くはありませんでした。

養護学校から20代の若者たちが入ってくると、職場にも活気が出てきました。彼らは一人ではないので、ワイワイとにぎやかです。「障がい者雇用で、苦労と思うようなことはほとんどない」と、栗原さんは言います。逆に息子のような感覚で叱り、ほめて、励まし、健常者と同じような対応をしてきました。

障がい者の中には、給料日にお金をもらったら、どこかに行ってしばらく帰ってこない子や、スナックのお姉さんのところで飲んで、スッカラカンになってしまった子もいました。

長い歩みの中では、親との間の葛藤には苦労しました。子どもが働いたお金を当てにする親、自分で使ってしまう親。親のために、働ける子が働けなくなってしまう。本来なら雇用ができるのに難しいこともあった、と栗原さんは振り返ります。

生涯を通してのサポート

栗原さんは、「障がいを持って長年働いた子たちが、体力の衰えから作業所に移るのではなく、それまでのスキルを生かせるよう時間短縮も含めて、労働から福祉へのソフトランディングができる環境づくりを目指したい」と語ります。

栗原さんと接して最も強く感じたことは、健常者も障がい者も関係なく「ともに生き抜いていく」という姿勢です。一所懸命働いてくれた社員だから体力が衰えた後も面倒をみるという栗原さんの言葉はとても自然体で、障がい者雇用を超えた美しさを感じました。（荒井佳代子）

福祉的就労から一般就労へ、地域に密着した障がい者自立支援

社会福祉法人 明清会

２０１２年度の就労支援登録者の半数が一般企業へ就職

明清会は、障がい者の生活・就労支援を行う従業員76名の社会福祉法人で、ＪＲ高崎線本庄駅から北へ車で30分ほど走った田園風景の広がる群馬県伊勢崎市波志江町にあります。

１９９８年、現理事長である小暮氏が精神科病院勤めを辞め、精神科医、ソーシャルワーカー、臨床心理士、看護師、地域代表者など30名のメンバーが集まって当会を設立しました。精神障がい者が精神科病院を退院してもすぐにまた戻ってきてしまう状況を憂い、退院後の生活支援拠点の必要性から、精神障がい者福祉ホームをまずスタートさせました。その後、作業所や通所授産施設をオープン、加えてグループホームの増設を少しずつ行いました。

２００８年には一般就労を支援する障がい者就労支援センターを開設しました。現在、グループホームは6カ所あり、46名の方が共同生活しています。また、パンや菓子・弁当の製造工場やカフェ、レストラン施設、さらに一般企業の支援を受け、施設外（一般企業内）にも就労の

場を設けて、一般就労に向けた支援（就労移行支援・就労継続支援B型）を行っています。

２０１２年度の就労支援登録者４２５人中、２１２人の障がい者が一般企業へ就職しています。在職者の内訳は、身体が61名（うち重度17名）、知的が72名（うち重度22名）、精神が77名です。

日ごろの地道な活動が評価され、２０１２年「日本精神障害者リハビリテーション学会」より、第４回ベストプラクティス実践奨励賞を受賞しました。

精神科病院退院後の生活支援拠点の確保

同会には雇用契約の定めのある就労継続支援A型の施設がないため、障がい者雇用自体はありません。しかし障がい者の一般就労を支援するための就労継続支援B型の施設と、一般就労支援を行う障がい者就労支援センターを有するので、その活動のきっかけについて紹介します。

明清会設立後、まずは精神病院を退院した精神障がい者の生活基盤となる「職員24時間常駐体制のグループホーム」の設立から取りかかりました。自立を促すため、グループホームの利用期間を2年に設定していましたが、実際は期間中に自宅や一般アパートへ移行するのは困難であったため、必要に迫られてグループホームを増設していきました。

住む場所が確保された利用者にとって、最も切実な希望は働くことでした。そこで、１９９９年小規模作業所を設立して喫茶店をスタート。２００３年には通所授産施設を開設し、パンや菓子・弁当の販売をスタートさせました。その後、フランス料理のシェフを招いてレストランを開設したり、高速道路のパーキングエリアでラスクを販売するなど、就労移行支援と就労継続支援B型事業へと移行していきました。

２００８年には、「一般企業で働きたい」という利用者の声に応えて、就業支援センターを開設。２０１２年度には、登録者の約50％が一般企業に就職するという大きな成果をあげました。

明清会設立の趣旨の一つに、地域で生活する当事者の生活相談があります。つまり、精神障がい者自身とその家族の現状を把握し、切実な希望を伺って、その実現に努めるのが同会の使命です。その使命を忠実に実践していった結果、現在のこのような支援状況が実現しているのです。

「もう一度人生をやりなおす場を与えてくれた」

残暑の中、取材のために同会を訪問し、小暮さんと同会のレストラン「ガーデンタイム」でランチをご一緒しました。ビュッフェコーナーには、新鮮な野菜や果物に焼きたてパン、できたての手作りスイーツも並んでおり、盛り付けも上品で丁寧な仕事ぶりが伝わってきました。バックヤードでは多くの障がい者の方が作業を細分化してパンやケーキを焼いたりしていました。「ファーストフード店のように効率とスピードが求められる仕事は苦手だけど、人手や時間のかかる料理などは障がい者の仕事として最適」と小暮さん。高級レストランのフルコースにも劣らない手間暇かけたおいしい食事をいただくことができました。

その後、利用者である障がい者の方4名とお話しさせていただきました。ここに来て良かったことを尋ねると、「生活のリズムが整った」「いろんな人と話せる」という答えがある中、「もう一度人生をやりなおす場を与えてくれた」と言う人がいました。精神科病院を退院しても、世間一般の人には当たり前の何でもないことが、当事者にはすべてのことが困難極まりない状態なのです。

人によりますが、家族にも見放され、相談する人もいない、まして働くことなど考えることもできないという状況の中、話を聞いてくれる人、住むところ、病気への理解、生活習慣を丁寧に教えてくれる人、支えあう仲間、休憩時間もこまめに取れて無理のない作業……、そういう基本的な生活を支援してくれる場が、「もう一度人生をやり直す場」となっているということを当事者の方から聞くことができました。

インタビューの最後に、小暮さんが「夢があったら教えて。みんなには夢を持ってほしいなあ」と利用者のみなさんに問いかけました。「結婚して子どもの顔が見たい」「結婚が夢です。幸せな家庭を持ちたい」「お金貯めてアパート借りて自立して結婚したい」「仕事して家庭を安定させたい。幸せな家庭をつくりたい。幸せになりたい」と答えるみなさん。「そうだよなあ。幸せになりたいよなあ」とみんなを笑顔で見つめながら話す小暮さんの横顔が印象的でした。

普通の農業法人や医療法人が主役となって障がい者雇用を

「障がい者が農業分野に進出して、農と福祉と医療の連携ができないか今模索しています。社会福祉法人がやるような就労支援じゃなくて、新たに一般の法人をつくって障がい者の働く場をつくりたい」と話す一方、「できれば、普通の会社や農業法人がこういったことを進めてほしいんです。われわれ社会福祉法人にはいろいろ規制もあって難しいんですよ。農業法人や医療法人が主役となって、そこが障がい者雇用を進めていくようにしないと。だから仕掛けていかないとね」。レストラン「ガーデンタイム」のテラスのいすに深く腰をおろし、食後のコーヒーを片手に小暮さんは話してくれました。（黒沢親史）

障がい者の枠を超え、社会問題を解決しながら楽しい生活の場、仕事の場を創造していく

埼玉福興 株式会社

農業への参入で雇用の場を増やす

新井利昌さんが設立した埼玉福興株式会社は埼玉県熊谷市にあります。新井さんのご両親が1993年に縫製業から事業転換して始めた障がい者向けの生活寮を引き継ぎ、1996年に法人化してスタートしました。

生活寮で暮らす人たちはさまざまです。当初は障がい者のみ受け入れていましたが、現在では精神障がい・知的障がい、発達障がい、人格障がいなどの人たちに加え、ニート、ひきこもり、犯罪歴のある障がい者なども受け入れています。年齢も幅広く20～80歳となっています。主な事業は、障がい者援護施設の管理運営、障がい者自立支援サポート、農業生産法人、化粧品製造です。9名の従業員の中に重度障がい者1名、ニート卒業者1名を雇用しています。

設立目的は「障がい者がさまざまな形で社会的に自立できる環境を創出し、障がい者とともに人生を歩む環境とシステムを創造する」ことです。生活寮の障がい者とともに文字通り24時

間歩んできた新井さんであるからこその思いが詰まっています。

最初の仕事はメーカーの下請けでした。製品の組み立てを行う内職作業で、最盛期は17名の障がい者を雇用することができました。しかしメーカーの工場は次第に海外流出していき、仕事は減っていきました。今では1社のみとなりましたが、他の障がい者就労支援に提供しています。

そんな中、自分たちで値段の付けられる仕事を創造し雇用の場を増やさなければと考えた末、2003年、農業に参入するためにNPO法人グループファームを設立します。当初から、地元の農家や埼玉県の農林振興センターの協力もあって、農業を軌道にのせていくことができました。今年は玉ねぎ1種類に絞って年間80トンを生産しています。玉ねぎは地力のある熊谷市の土地では良く育ちます。さまざまな料理で使いますし手間のかからない野菜です。しかも重い作物を持つことができない障がい者であっても仕事になることが決め手になっています。

2005年にはビニールハウスでの水耕栽培を開始しました。サラダほうれん草、ルッコラなどの葉物を生産しています。さらに苗の販売、花の販売も開始しています。

障がい者と接しながら育ってきた

新井さんが会社を興したきっかけは、障がい者の生活の場を提供するために生活寮を営んでいたご両親や、同じく障がい者向けの寮を運営していた施設の理事長の影響が大きいといえるのではないでしょうか。新井さんは社会に出る以前から、生活寮の中で障がい者たちと一緒に生活をし、接していたことになります。

その理事長の福祉を変えたいとの思いや、実際に東京で生活をしていた若者が受け入れ先を求めて紹介されてくる姿、身寄りのない障がい者の死など、現実ではさまざまな事が起きている中で、一人ひとりの障がい者と正面から向き合い、彼らの生活をどうにかしたいという考えを持つようになりました。ですからはじめに障がい者を雇用しようと考えたのではなく、すでに寮で生活をしている障がい者が現実に直面しているさまざまな課題の中で、彼らの仕事を見つけ将来を少しでも明るくすることが目の前にある使命だったのです。その結果、メーカーの下請け仕事からはじまって、現在では農業を中心とした就労支援、さらに化粧品製造や花の栽培へ広がっていったのです。

対応の柔軟性がある福祉

現在、生活寮では32名のさまざまな人たちが暮らしています。その内容も時代とともに変化してきています。若者の中には発達障がいが増えているそうです。10年以上前に生活を始めた20歳ぐらいのAさんもその一人でした。気の小さい性格のAさんですが、話を始めると爆弾をつくる話や死体の話などが延々と続きます。話は一方的ですが根気よく聞き続けることが大切です。Aさんにとっては話を聞いてもらうことが、ストレスの発散や解消の場となります。

また、某有名大学を中退したBさん。ある日新井さんのところにハンドルとサドルとタイヤしかないような自転車でやってきて、ボランティアをさせてほしい、と申し入れがありました。高校卒業までは言われたことをこなしていれば普通に生活を送ることができましたが、大学に入学すれば自主的な言動を基本として他者とコミュニケーションをとることが必要となります。しかしBさんにはそのことが大きな壁となり、大学という組織の中でうまく立ち振る舞うことができませんでした。現在、Bさんは週に3日働いています。

新井さんは、障がい者の半数くらいは働くことができるのではないかと考えています。日頃、障がい者には「まわりの人が納めてくれた税金をもらっているんだよ、もらっているからこそ恩返しが必要なんだよ」と話しているそうです。障がい者だけではなく、生活寮を必要とするさまざまな人たちに対して、きめ細かい対応をするための柔軟性を確保することが大切だと考えています。福祉に携わることは国や行政とのかかわりが多くなりますが、新井さんは、逆に行政や制度の枠にできるだけ影響を受けない自由度が必要だと考えています。

100万本の「オリーブの木」構想

新井さんは事業展望としてソーシャルファームの構想をもっています。障がい者や高齢者、社会にうまくなじめない若者などのために生活の場を提供し、仕事を生み出し、支援できる村（ファーム）のようなものです。社会が複雑化している中で、社会問題を解決しながら楽しい生活の場をつくり、新たな価値を創造していく楽しさにあふれている構想です。例えば100の仕事を想定して、障がい者一人でできるのは20くらいだとしても、新井さんはそれでもいいと考えています。5人集まってチームとしてまとまれば100の仕事ができるからです。

またそのために重要となるのが日本産オリーブへの取り組みです。100万本のオリーブ植樹という壮大な夢です。2011年3月11日、東日本大震災のあった日、未来への希望をこめて埼玉県熊谷市に続き東松山市にもオリーブの木を植樹しました。瀬戸内海の小豆島のオリーブ農家からの技術提供や、オリーブ専門家の指導を受け、日本産オリーブのブランド作りに向けて新井さんの挑戦が始まりました。100万本植えるためには3000ヘクタールという広大な土地が必要です。今はまだ1ヘクタールですが、共感してくれた人とのつながりがあり、推進のための社団法人を立ち上げることができました。オリーブの木はオリーブオイルだけでなく、石鹸、化粧品、オリーブティーなど幅広い用途があります。またオリーブの枝は平和の象徴ともいわれ、ソーシャルファーム構想を象徴する取り組みといえるでしょう。

ソーシャルファーム実現に向けた取り組みが、いままでの日本社会の中で障がい者と健常者を分けてきた過去の習慣を改善していく原動力となり、障がい者を取り巻く社会問題の解決に向けた着実な一歩となることを期待しています。（桝谷光洋）

アフター5やコミュニケーションを大切にして、障がい者とともに成長するきのこ農場

株式会社　柿の木農場

心をこめた「えのきだけ」

長野駅から車で20分ほど走ると株式会社柿の木農場に到着します。北アルプスを水源とする犀川水系より湧き出る清らかな水と、周囲の山々から吹き下ろす澄んだ空気で、パリッとした食感の「えのきだけ」を生産し販売しています。

社員は約70名。そのうち正社員が42名です。びっくりするのは正社員の半数以上である23名が障がい者だということです。知的18名、身体1名、精神4名と、さまざまな障がいのある人たちが、職場の仲間たちとともに、毎日、仕込みから接種、培養、生育、収穫などの各工程で、心を込めて「えのきだけ」づくりに取り組んでいます。

同社の設立は1978年、現在のえのきだけ生産に取りかかったのは1981年、その2年後に現会長の柿島滋さんが工場長として入社しました。しかし、当時の生産現場の運営や労働環境などから、経営の在り方に疑問を感じ、入社2週間で「辞めさせていただきます」と辞表

を提出したそうです。その時、退職理由を聞いた清水会長（現相談役）から「やりたいようにやってみないか」と言われ、「思い切ったことをいう人だ」と気持ちを切り替えました。

翌々年の1985年、柿島さんは社長に就任。そこから同社の「人を大切にする経営」がスタートしたといえます。

「やればできる」

同社の障がい者雇用のきっかけは1984年、地域の養護学校（当時）の先生から「職場体験実習をやってもらえませんか」と依頼され、受け入れたことでした。柿島さんは当時、「障がい者に何ができるのか」と懐疑的で、むしろ差別的であったそうです。実習は1週間で終わりました。

翌年も同様に「職場実習」の依頼がありました。柿島さんは「またですか」と言いながらも、「2週間程度ならいいでしょう」と実習を受け入れました。実習生は前年と同じ三木君でした。当時、柿の木農場は従業員8名ほどで、「三木君、よく来たね。よろしく」と職員が声をかけると、ほとんどの人の顔をおぼえていた三木君は笑顔でこたえました。

そして運命の3年目。3回目の職場実習の依頼となりました。柿島さんもさすがに先生の狙いを察して「もしかしたら、雇用してほしいということではないですか」と質問したところ、「その、もしかしたら……です」と、そのあと雇用について懇願されました。

柿島さんは、過去2回の実習を受け入れてはいたものの掃除などの簡単な作業しかさせておらず、適性も見ていませんでした。雇用となれば「当社で、障がい者にできる仕事があるのか？けがでもさせては……」と判断に迷いました。

そんな時、柿島さんは「これはできるだろうか」と思い掻き出し作業場に行ってみました。三木君にその作業を見せると、「僕、これできます」と言って掻き出し機に近寄り、操作をし始めたのです。柿島さんは驚いて「なんでできるの？」と尋ねると、前の実習中、作業を興味深そうに見ていた三木君は同社の担当者に「君、やってみるかい」と言われ、その時覚えたらしいのです。機械でやるとはいえ結構な力仕事なのですが、ほとんど健常者並みにできたとのことです。柿島さんは「障がい者でもこんなことができるのか」と雇用を決めたそうです。3回の三木君の実習を見ていた職場の人たちからは一人も反対する人はいなかったということです。

それ以来、掻き出し作業はミスをした場合のリスクもないことから、実習作業の一つとなり、新入社員の最初の仕事となっています。

この時採用になった三木君は、勤続25年、43歳となり、今では社内の仕事をほとんどこなし、班長という役割もになって元気に働いています。

柿島さんは「三木君という一人の障がい者との出会い、雇用がきっかけとなって、職場の障がい者理解、障がい者支援が進み、『障がい者と共に学び、育つ』ことで、会社は発展、成長してきました」と語ります。

障がい者と共に成長する

今でこそ23名もの障がい者を雇用するまでになっていますが、4～5名を雇用していたはじめの頃は悩みも多かったそうです。そんな時に、柿島さんは全国重度障害者雇用事業所協会の存在を知り、箱根で開かれた同協会の関東甲信越ブロック会議に参加します。

そこで、日本理化学工業株式会社の大山社長（当時）から、70名の社員のうち50名が障がい者であるという話を聞き、「なぜそんなことが可能なのか」と、その日は夜中まで会社経営について喧々諤々。そのあと、会員企業の経営者たちから「4人や5人でおたおたするな」と激励され、目からうろこが落ちた気持ちで長野に帰ります。

「障がい」って、一人ひとりの個性じゃないか。個性を生かした仕事づくりをしよう。一連の仕事をぶつ切りにしてみよう。「しか」ではなく「なら」で仕事をつくろう。そんな考えで作業の見直しを行いました。現在、各作業の専門家、その道のベテランがそろい、なくてはならない存在として障がい者が生き生きと働いています。

柿島さんはこれまでの経験を生かして、地域における障害者雇用を広げるために、講演活動も行われていますが、その中で経営者から「障がい者雇用はデメリットになりませんか」という質問をよく受けるといいます。「柿の木農場では障がい者雇用増と事業（売上）拡大が連動しています。事業拡大（投資）は障がい者の方々が背中を押してくれたといえます」と回答するそうです。

また、柿島さんは障害がい者の就労について「アフター5」がとても重要だともいいれます。ある時、若い障がいのある女子社員が休みがちになりました。心配した柿島さんは、女子社員の家まで迎えに行き、驚きを隠せませんでした。ひどい家庭環境であることが一目で理解できました。柿島さんは、その社員の家庭環境の改善に力を注ぎました。

その後、このケースと似たような社員が多いことがわかりました。会社で働いている時間だけを見ていても不十分であり、「アフター5」、つまりプライベートにもつながりや支援の手を差しのべる必要があると感じたそうです。そんな経験から、レクリエーション、スポーツ大会への参加、焼き肉大会、お花見、社員旅行、忘年会といった社内行事を開催し、社員間のコミュニケーションを大切にしています。その中でも特筆すべき2つのことをご紹介します。

1つ目は、障がい者の生活支援を目的として2007年から運営を開始したグループホーム「どんぐりの家」です。2棟の「どんぐりの家」には、11名の障がい者が母親役のベテランの支援者の支援を受け、さらに自立を目指して頑張っています。

2つ目は、柿の木農場の知的障がい者で編成されたバスケットチーム「柿の木クロッカス」「柿の木バッヅ」です。昼休みの駐車場の片隅から出発した両チームのメンバーは、毎週日曜日の八時半から地域の体育館で監督の仲野工場長や柿島専務、社員のコーチ陣の指導で練習に汗を流しています。そこには、地域の青年たちもコーチとして参加しており、障がい者社員と地域との交流の場にもなっています。また、チームメンバーから長野県代表に選抜されるなどこれからの活躍が期待されています

画期的技術の開発を目指して

同社ではここ2〜3年の間に、社長42歳、専務41歳、工場長33歳と、若い経営陣にその中心が移ってきています。三木さんと同年代の経営陣です。

そしてこの若い力で新規事業にも取り組んでいます。

「冷凍えのき」や「乾燥えのき」などの新商品の開発。種菌研究者との連携で新しい品種の開発なども目指しています。柿島専務は「ハードルが高く、難しい局面もあるが、妥協せず、現場と一致団結して進めていきたい。自分たちのキャパを超えないとお客様のほしいものは作れない。手間はかかるが乗り越えたい」と語ります。

同社は、重度障害者多数雇用事業所として就労の場をつくっていくとともに、地域の福祉関係機関、事業者とも連携を深め、障がいのある人たちが働き続けることができるよう生活支援にも取り組んでいこうと考えています。（岡田保）

戦争、震災を乗り越え、障がいのある子どもの就学のために私財を投じる会社

江守グループホールディングス 株式会社

奨学会基金を設立

100年以上続く会社の歴史のなかで、戦争と震災を乗り越え、私財を投じて障がい児の就学促進のため基金を設立している会社が福井県福井市にあります。江守グループホールディングス株式会社（旧社名・江守商事株式会社）です。

2代目社長であった故・江守清喜さんは、当時の江守商事と日華化学株式会社の社長を兼務しながら、福井県教育委員会の委員長も務めていました。1971年当時、障がいのある子どもが学ぶべき場所は少なく、特別支援学校への就学もままならない状況でした。また江守さんは身内に障がいのある方を抱えていたため、自分に何かできることはないか模索し、1億円（のちに2億円に増加）の私財を投じて就学促進のために奨学金などを給付する財団法人江守奨学会を設立したのです。この奨学会の特徴は、福井県内の特別支援学校を給付対象とし、受給者が返済などの一切の義務を負わないことです。

この奨学会設立のきっかけには大きな出来事がありました。第2次世界大戦から始まった度重なる福井の災禍です。1945年、終戦の前月、福井市はアメリカ軍に空襲を受けます。市街地の約85%が損壊し焦土と化した地で、江守商事はいち早く再出発を行います。再建が少し形になった頃、今度は大地震が発生。1948年の福井大地震です。化学薬品を取り扱っていたため、会社は大火災に包まれ、周辺地域まで延焼を引き起こしました。会社は全壊焼失し、江守さんはかけがえのない奥様と娘さんを圧死で亡くされます。地震から1カ月後、今度は豪雨により九頭竜川の堤防が決壊。福井市は濁流による水害に襲われました。

空襲、地震、家族の死、水害など、会社の壊滅的な被害と過酷な試練に見舞われたにもかかわらず、江守さんは相次ぐ苦難を乗り越え、人間的にも商人としても大きく成長し、会社の再建を成功させました。江守さんのこの厳しい経験が、江守奨学会基金の設立へとつながっていきました。

先生からの嘆願

江守奨学会は、2012年に公益財団法人になりました。そんなある日、特別支援学校の先生から次のような嘆願があったのです。「来春めでたく学校を卒業する重度障がいのある生徒がいます。いろいろな企業に依頼したのですが、なかなかよい返事をもらえません。どうか社会貢献活動に熱心な御社で、採用してくれませんか」

それまで同社は施設や特別支援学校から障がい者を雇用したことはありませんでした。障がいのある社員が企業内にいるとはいっても、車いすの方や入社後病気などにより中途障がい者となった社員で、その都度、職場環境の改善や業務の配慮などをする程度でした。

先生から依頼された新規の障がい者を雇用するにあたり、実際は受け入れる職場の配置場所や就業環境等に戸惑いと不安がありました。「この生徒さんを雇用して本当に定年まで面倒を見てあげられるであろうか」と、関係者みんなで何度も議論しました。そして準備に準備を重ね採用したのです。

リラクゼーションルームで働く全盲の女性

私が同社を視察した際、朝の出勤風景の中、1台のタクシーが到着しました。そしてその中から一人の女性が降り立ちました。白杖をついており目が不自由な様子。お話を伺い、彼女がこの会社の社員であり、先の先生の嘆願で採用された方だと知りました。彼女の仕事は「ヘルスキーパー」。リラクゼーションルームで働いています。そしてタクシーは、会社が彼女の通勤用に手配したものだったのです。

江守商事では全盲の彼女を受け入れることを決定した後、働ける環境を整えるために、会社の一部を改装し、バリアフリーのリラクゼーションルームを作りました。本人の明るさと懸命に仕事に取り組む姿勢に、一緒に働く従業員や会社は、障がい者の雇用について除々にではありますが、理解を深めてきました。そしてこの施設の利用方法を聞いてまた驚きました。なんと就業時間中にリラクゼーション予約を行い、利用するというのです。福利厚生とはいえ、とても従業員に優しい会社でした。だから彼女が長く働ける環境をつくることも容易にできたのです。

また、ご縁のある日華化学株式会社でも、後に同様の形で別の卒業生がヘルスキーパー職として勤務することにもなりました。

他の社員を元気にしてあげる仕事

「本人の就労意欲が旺盛、かつ適性を大いに生かすことができる人であれば、障がいがあるからといって雇用する機会を逃すものではない」という基本的な考えで、障がい者雇用に取り組んでいます。また、特別支援学校に特化した奨学会の創設といい、視覚障がいのある方を、派遣や外注あるいはパート社員としてではなく、「あなたの仕事は他の社員を元気にしてあげることです」と、あえて正社員として雇用していることといい、当社の経営姿勢、とりわけ社会貢献活動には頭が下がる思いです。

「真の強者は弱者に優しいが、偽物の強者は弱者に冷たい」といわれますが、まさに当社は、真の強者だと思います。（人見正樹）

「生活を支え、就労を支え、人生を支える」経営者の体験から生まれたその理念を実践する会社

和光産業 株式会社

重度障がい者雇用の実績

和光産業株式会社は島根県松江市東出雲にあるコンクリート二次製品を製造している会社です。国道から一本入るとのどかな田舎道が続きます。進んでいくと中海を望む田畑に囲まれた小高い場所に本社と工場があります。

本社工場を含め４つの工場があり、社員数72名のうち、障がい者は15名（知的障がい者12名、身体障がい者３名）その中の８名は重度障がい者です。１９７３年の創業で40周年を迎えた同社には勤続40年というベテランの障がい者もいます。また、会社敷地内には就労継続支援A型の一般機械器具製造業の株式会社シンワがあり、社員数16名のうち、知的障がい者が11名働いています。

障がい者雇用において１９９４年に労働大臣表彰、１９９７年には内閣総理大臣賞を受賞しています。社長の加藤勇さんは公益社団法人全国重度障害者雇用事業所協会の副会長でもあり、

常に障がい者雇用の推進を考え自立援助に努めています。

幼い頃から生活を共に

そもそも加藤さんと障がい者とのかかわりは古く、まさに生活の一部、人生の一部です。なぜなら加藤さんの祖父、父の時代に障がい者の里親をしており、幼い頃から生活をともにしていたのです。1975年頃にはハローワーク経由で障がい者雇用推進が始まりましたが、1945~1947年生まれの人が15歳になる1962年頃は、中学を卒業して働く集団就職も多く、健常者の子は就職も見つかりましたが、障がい者は働く場所がなかなかなく、就職先探しに悩んでいました。福祉学級の先生と児童相談所の人が、里親をしていた加藤家に相談にきたことがきっかけで雇用が始まりました。この様な環境で育ち、いつも障がい者が近くにいたことで、雇用に対しても抵抗や苦労を感じることはなく、障がい者への接し方も自然と家族同様になるのが理解できます。

「誰もがみな、障がい者」

和光産業で働く健常者の社員は障がい者社員を指導していく立場にありますが、加藤さんは新入社員に「彼ら（障がい者）に感謝してください」と伝えるといいます。障がい者の仕事は生コンクリートを型に入れて固まったら取り出す単純な作業かもしれませんが、大切な戦力である彼らがいなければ、会社は成り立たないからです。

障がい者が本当の意味で自立するためには、規則正しい安定した生活が大切だと考えた加藤さんは、企業として1998年に社会福祉法人若幸会を設立しました。会社の近くに5つのグループホームや就労支援事業所を設置していて、そこから通う方も多くいます。

当初は障がい者を雇う工場によい顔をしない住民も多く、地域との距離をとるため会社の周りの土地を田畑にして事業所で農作業をしました。そして、れんげを肥料にしたれんげ米を作り、野菜を育てて事業所で食べました。そんな姿を見た地域の人は、彼らに農作業や力作業の手伝いを頼んだりして、今では重宝されています。彼らは過疎化が進む地域で、未来の担い手なのです。

また、養蜂をして蜂蜜を作ったり、豆腐を製造したり、パン製造では障がい者が育てたさつま芋を加工してスイートポテトを作っています。これを加藤さんは「6次産業に障がい者が作ることがプラスされているから7次産業です」と笑顔と自信にみちた顔で話してくれました。

そして、「彼らは心で動くんです！」と加藤さんは言います。彼らは誰に世話になっているかがわかっているし、人間関係においても新人の障がい者が入社したときには、健常者が指導しなくてもベテランの障がい者が教えて助けるそうです。

加藤さんは障がい者社員を家族同様に注意することもありますが、素直で一生懸命な彼らは注意を理解して成長していくといいます。社内での健常者と障がい者の関係では、工場作業に必要な資格を取るとき、実技はよくても、学科で何回か落ちてしまう障がい者社員に、健常者社員が受かるように勤務時間外に一生懸命教えているそうです。

この会社では、工場で働く障がい者と事務などで働く健常者が、部署ごとの縦割りの関係だとお互いに理解や交流を深めることはできないと考え、横のつながりを大切にするため各部署のメンバーがミックスされたグループを設けています。そうすることで健常者が障がい者の理解を深めたり仲間意識が醸成されることはもちろん、違う部署の仲間と交流することで組織の問題点を見つけることができて改善につながるそうです。

このような工夫は、障がい者と生活を共にした加藤さんならではの知恵かも知れませんが、「多くの中小企業の社長は生活を共にした経験などないので、障がい者雇用に不安や苦労を感じて当たり前」とも言っています。しかし、それは「単に食わず嫌いなだけかも知れません」と語ります。雇ってみたら不安よりも障がい者雇用の素晴らしさ、楽しさを知るかもしれないからです。「どんな会社でも必ずどこかに障がい者が働ける場所があるはず」と話されたとき、多くの中小企業がそれに気づき、食わず嫌いがなくなることを願いました。

加藤さんの言葉で印象的だったのが、「社員にも言っていますが、誰もがみな、障がい者。ワシも障がい者。みんな、どっか何かが欠けている。例えば、酒癖一つにしても癖で片付けているだけ。完璧な人間などいないのだから、お互いにカバーしあうことが大事でしょう」ということです。人として常に同じ目線で話せる社長がいるからこそ、和光産業は健常者と障がい者が共存し仲良く仕事ができているのだと感じました。

障がい者の高齢化に対応するために

社会福祉法人若幸会の基本理念である「生活を支え、就労を支え、人生を支える」にもあるように、加藤さんは障がい者の人生を支える中で、高齢化も問題視しています。誰しもいつか親が亡くなる時がきますが、自宅で障がい者の面倒を見てきた親も、年をとり面倒を見られる立場に変わる時がきます。高齢になってから親元を離れ施設に入っても、環境の変化にすぐには対応ができない障がい者もたくさんいます。だからこそ親離れ子離れが大切だと考え、今後は65歳以上の障がい者のための老人ホームをつくる予定もあるそうです。

加藤さんは、特別支援学校を卒業した18歳から老後まで障がい者の自立を、厳しくも温かい目で見守っている方でした。そして企業に負担がかからない障がい者の派遣会社など、多彩なアイデアの持ち主でした。（金津敦子）

社員としての誇りと、生きる喜びを育てる会社

有限会社　トモニー

笑顔いっぱいの職場をめざして

岡山県に流れる旭川《あさひがわ》は一級河川で岡山三大河川の一つです。旭川さくらみちの桜は見事で市民の憩いの場所です。その旭川のほとりに社会福祉法人旭川荘があります。子どもから高齢者までの総合医療福祉施設です。87施設あり、利用者数は約２５００人。勤める職員は正・臨時を合わせて約２２００人です（２０１４年４月１日現在）。さらに介護福祉士などの養成、社会福祉職員の研修、医療福祉の研究を行う施設がある、巨大な総合施設です。

有限会社トモニーは、その旭川荘の福利・厚生分野を受け持つ会社です。設立は１９９７年４月。旭川荘から食堂の経営、物品・食品の販売、洗濯や掃除などの仕事を受注しています。トモニーの名前の由来は「共に働き　共に生きる」です。この精神を胸に、「働いて・輝いて・笑顔がいっぱい」の職場をめざしています。

トモニーの運営する食堂は、「ゆずりは食堂」「学院食堂」「津島児童学院食堂」の3店舗があり、

12名の社員が従事し、そのうち3名が障がい者です。環境整備は屋内清掃、屋外清掃、環境整備を行い、12名の社員のうち障がい者は7名です。洗濯部門は洗濯（ランドリー）、運搬、衣料整理、汚物洗濯（ベントリー）を行い、5名の社員のうち3名が障がい者です。

車庫からの出発

１９８７年当時、旭川荘の理事長をしていた江草安彦さんには、「働くことができる障がい者は一般企業へ就職させたい」という強い思いがありました。懸命に地域の企業へ働きかけを行いましたが、どこも知的障がい者を雇用してくれませんでした。それならばと一念発起して、車庫で障がい者とともに４人でうどん屋を開店したのが、トモニーのはじまりです。そのとき山本俊介社長と一緒にうどん屋で働いた女性は、現在もトモニーで働いています。

それから24年が経ち、厚生労働省から重度障害者多数雇用事業所の指定を受け、厚生労働大臣や県知事からの表彰を受けました。

働く幸せ、生きる喜び

トモニーで働く、ある知的障がい者に、つらい過去を乗り越えたエピソードがあります。その男性は中学卒業後、木工会社に工員として就職をしました。結婚し、子どもも生まれました。40年近く勤めた会社でしたが不況が原因で失業してしまいます。やがて妻と離婚、生活に困り、ホームレスの生活を送ります。空腹を満たすためにとうとう菓子やパンを盗んでしまいます。過去に窃盗事件を起こしたことがあり、執行猶予中だったので懲役1年の実刑の判決を受けてしまいます。服役中に知能検査をした結果、男性は知的障がい者と認定されます。仮釈放後、法務省保護観察所は、障がい者雇用に実績のあるトモニーに男性を依頼します。男性は苦しいホームレスの生活よりは刑務所、刑務所の生活よりはトモニーの生活の方がずっとよいと話しているそうです。刑務所で身についた規則正しい生活を送っているので、仕事ぶりも模範生。近くにアパートを借りて住み、毎日トモニーに通勤をしています。

トモニーは有限会社なので給与が出ます。報酬は働く者にとっては喜びです。社員には給与のほかに、働いていてよかったと思うイベントがあります。それは年に一度の社員旅行です。グリーン車に乗り、一流のものを見て、一流の食べ物を味わい、一流のホテルに泊まるなど「一流の体験」をします。身も心も豊かになります。障がい者にとって旅行は希望なのですが、不自由さがあってなかなか行けません。トモニーの社員旅行では生きる喜びを得られます。社員旅行の体験の一つ一つが、これからトモニーで生きる人たちの大きな元気の源になっています。

またトモニーでは、さわやかな朝礼を行っています。ラジオ体操のあと責任者から基本的な注意事項をわかりやすくみんなに伝えます。「笑顔はただでできるサービスです。笑顔。笑顔」。そして全員で、「いらっしゃいませ。お待たせしました。ありがとうございます。いつも笑顔のトモニーです。みなさん、がんばりましょう」と掛け声を出します。最後は「よっしゃ」の声と両手を引くガッツポーズで締めくくります。明るく、元気で、さわやかなトモニーの1日の始まりです。

プライドを持って働く

トモニーの兄弟関係に株式会社トモニー・きずながあります。平成20年に障害者自立支援法が設立されたことを契機に設立、就労継続支援A型、就労移行支援事業の展開を始めました。

そこでは知的障がい者38名、中・軽度知的障がい者4名、重度身体障がい者1名、中・軽度身体障がい者1名、精神障がい者4名が働いています。社員は授産所や作業所ではなく株式会社で働いているというプライドがあります。社員の中には収入が増えたので納税をしている人もおり、納税できることの喜びを生きがいにしています。

取材を終えた帰り際に社員の方たちと一緒になりました。取材に応じてくださった松本征二専務は、私たちの横を通り過ぎる社員一人一人に「おつかれさま」と笑顔で声を掛けています。松本さんの言葉をよく聞いていると社員によって内容が違っています。松本さんは社員一人一人に気配りをして変化を読み取り、的確な声掛けをしていたのです。愛情のこもった松本さんの声掛けによって、仕事疲れの社員の表情がぽっと明るくなったのを私は感じました。（中園孝信）

障がい者に就労の場と生活の場を提供し、老後のケアにも取り組もうとする中小企業

有限会社 東西商店

毎朝5時から作業

有限会社東西商店は、処理・加工した鮮度抜群の鶏肉を一般家庭や飲食店などに提供する、社員数17名の中小企業です。場所は佐賀県巨勢町、田園風景の広がる緑豊かな土地柄です。

当社が製造加工する鶏肉は鮮度が命。処理の終わった鶏を一羽一羽包丁で丁寧にお肉にしていきます。暑い日も寒い日も、朝の5時から従業員が会社に出て作業をし、即日配送を行っています。

社員17名のうち11名（率にして60％以上）に知的障がいがあります。障がいのある従業員の負担の軽減や生活の援助を目的に、就労継続支援A型事業とグループホームを運営しています。

現社長の田中久光氏は2代目。今でこそ法整備がなされ、障がい者がより働きやすい環境となりつつありますが、創業者である実父が障がい者雇用を始めた30年前は、現在のようにはいかなかったといいます。

健常者では長続きしなかった

当社の障がい者雇用のきっかけは、今から30年ほど前にさかのぼります。当時より鶏肉の製造加工に携わっていましたが、当社は朝がとても早いこともあり、従業員がなかなか長続きしませんでした。そのような状況の中、知り合いの紹介で、知的障がいをもった20代の方が働くようになったのです。そして、暑い日も寒い日も真面目に仕事に来て働く姿を見て、積極的な障がい者雇用が始まりました。

当時はグループホームというような制度もなかったため、敷地内に寮を完備し、創業者である実父と実母で3食こしらえ、共に働いていたのです。

その当時のことを振り返りながら、田中さんは笑顔で、「障がい者雇用ってえらいですね、と周囲の人が言うこともありますけど、そうではありません。もう30年以上も前から朝早くから工場で共に働いてきたのです。隣にいてあたり前なんです。それに、彼らがいなければ、私らの仕事は成り立ちません。結果としてこうなったのです」と語りました。

今を楽しみ、かつ老後に備える

東西商店には、職場としてだけでなくホームとしての機能もあるために、彼らの生活がそこにあります。今でこそなくなりましたが、最初の頃は、夜出ていって帰ってこない子を探しにでかけたこともありました。また、悪いことをすることもあったので、かなり厳しく叱ることもありました。そうやってみんなで生活するということに、多くの物語が存在し、笑顔が存在しています。

「彼らが東西商店に勤め始めて、まず最初に覚えることはお金の使い方。そして自分の人生に楽しみを持つこと」と田中さんは言います。普通の子と同じようにデパートに行ったり、自転車を買ったり、好きな歌手のコンサートに行ったりしているようです。田中さんは「日曜日には朝から誰もいないんですよ」と笑顔で語られました。

現在の東西商店は、障がい者にとっては仕事をするところでもあり、生活をするところでもあります。若い人たちだけではなく、勤続年数30年以上の障がい者、親も他界し兄弟しか身寄りのいない障がい者など、多くのバックグラウンドをもった障がい者がいます。

確かに、仕事がうまくいっている時は成長をみているようで楽しくもあり、厳しく教えることもあります。しかし、健常者よりも少し早く老後のことを考えなければならない事実もあるのです。だからこそ、なるべく楽に老後を迎えられるように、日々の生活の中で貯金をする力をつけさせるようにしています。

今後彼らをどのように支えていくかを考えるのが、「仕事と生活を提供する」東西商店の役割でもあります。それは、今後の就労形態や老後の生活の場の提供といった形でおのずと見えてくることでしょう。

障がい者専用の老人ホームをつくりたい

東西商店の従業員は次第に高齢化が進んでいます。だからこそ、彼らが老後をゆったりと過ごせる障がい者専用の老人ホームをつくることが今の目標です。たまに飯を食べにいったり、旅行に出かけたり、みなさんが行っているごくごく自然で当たり前の生活を送ってほしいと考えています。

また、田中さんの所属する公益社団法人全国重度障害者雇用事業所協会の活動をますます発展させ、教育機関や行政、そして企業が一堂に会する機会を多く持つようにしていきたい。そうすることで、障がい者の可能性をさらに引き出すことができると確信しています。

そして、障がい者をもつ家庭においても、彼らの夢や、やりたいことを聞いて、それを応援してあげてほしいと思っています。

当社は加工した食品を飲食店やご家庭に届けるのが仕事です。田中さんは、障がい者の従業員と一緒に、全国でお世話になっている方のところへお菓子をもって挨拶にいってみたいと思っています。笑顔ですが緊張する彼らの姿が目に浮かびます。（大久保亮）

助け合うという人間本来の姿で、すべてのスタッフを「作業者」から「職人」へ育てる洋菓子屋

株式会社　ゴローズ・プロダクツ

「ケーキ屋さんはよい所だ」

県内に3カ所の製造所と9店舗の販売所を設け、洋菓子の製造、販売を展開する会社が宮崎県にあります。株式会社ゴローズ・プロダクツです。

代表取締役である内田五郎さんは、幼少の頃から、健常者と障がい者の線引きはもとより、差別・被差別などの現象に対しても一切偏見を持たなかったといいます。そして「障がい者雇用とは地域の問題であり、経営の基本は人間尊重である」と語ります。宮崎県は自殺者数が全国ワースト3位で、他にも自殺予備軍や体験者がたくさんいる現状。その数を減らすことは地域の課題であり、そのためには障がいのある人との共同参画社会を目指す情熱と人間尊重の経営方針の両輪が必要となると考えているのです。

現在、中小企業家同友会全国協議会　障がい者問題委員会委員長を務めている内田さんは、1997年、同会の講演で、新潟県基準寝具株式会社の存在を知ります。講演者は当時90歳近

くの渡辺トク社長。渡辺さんは40歳代半ばでご主人と病院施設用品のクリーニング会社を設立しました。設立数カ月後にご主人が急逝されて以来、女性社長として長年にわたり経営の指揮をとりました。渡辺さんは、日常の業務で精神科病院に出入りする中、退院できる状態にありながら、家族に引き取りを拒否され退院できない入院患者の存在を知ります。自らが何かできることがないかと思案した渡辺さんは、その方を自社に引き取り雇用します。以後数十年間にわたり障がい者を雇用し続け、社員数160名に対して80名もの障がい者を雇用しました。

この事実に衝撃を受けた内田さんは新潟まで足を運びました。「どんなに科学が進んでも、ある一定のハンディのある人が生まれます。私はその様な人を受け入れます」と渡辺さん。障がいのある人に仕事を教え、自立できるように寮をつくり、引き取り手がない人のために墓をつくりながら、多くの人を雇用する現場を見た内田さんは、会社に戻った後、社員に「いつかあのような会社になりたい」と宣言します。

それから半年後、延岡市のろう学校の先生から一本の電話が入ります。4月卒業予定の高等部学生の就職の相談でした。その女子学生は熊本の工場に内定をもらっていましたが、「インターンシップで延岡のケーキ屋さんに行ったらすごくほめられた。ケーキ屋さんはよい所だ。働きたい」とのこと。内田さんは、ろう学校に出向き採用を決めます。「採用には決断が伴いますが、決断こそ経営者にしかできない仕事の一つ」と内田さん。これが現在まで続く障がい者雇用の始まりでした。

お互いに助け合うという人間本来の姿

内田さんは、1998年から15年にわたり、一時期は10名もの障がい者を雇用してきましたが、経営者仲間の勧めもあり、2013年、就労継続支援A型事業所「合同会社ハッピーもも」を設立します。

ハッピーももは、障がいのある方にさらに働きやすい環境を提供したいという内田さんの理念のもとで、ゴローズ・プロダクツの仕事（洋菓子の製造と販売）を100％受託しています。2014年3月現在、10名のスタッフと18名の障がいのある方が働いています。ちなみにゴローズ・プロダクツの全社員数は66名です。

内田さんは障がい者雇用を広げていく過程で、4つのことに気づいたといいます。1つは、障がい者雇用は、本人のみならずその家族、先生など多くの人々を幸せにすること。2つめは、お互いに助け合うという人間本来の姿。障がいに関する知識も専門性も設備も経験者もなくやってこられたのはこの力だと内田さんはいいます。そして何でも小さいこと、場所から少しずつはじめ、コツコツと時間をかければ誰もが仕事ができるようになると実感したのです。3つめはバランス。「生産性はとても大切ですが、合理性と非合理性のバランスをとることの方がもっと大切です」と内田さんはいいます。ゆえにゴローズ・プロダクツでは健常者と障がい者に賃金の格差を設けていません。4つめは、障がい者雇用は毎日がドラマの連続で会社が生き生きとし、彼らの成長が何事にも代え難い喜びと救いにつながるということ。２人の女性を紹介します。

毎日がドラマの連続

中学を卒業後、愛知県の工場で働いていたものの、なじめず宮崎に帰郷した女性がいました。彼女の身の上話を聞いた内田さんは、迷わず採用します。製造工場に配属された彼女は、当初は全く仕事が覚えられず、周りの社員も一つの作業を教えるのに大変な苦労をしたそうです。ここでようやく覚えた一つの作業がレーズンサンド（クッキーの上にクリームとレーズンをのせ、クッキーではさむゴローズ定番のお菓子）の形成でした。しかし驚くべきことに1年後には、工場内で最も速く正確な作業ができるようになり、周りの社員から「彼女に任せておけばいいよ」といわれるまでに成長しました。

ある日、内田さんが工場に電話をすると、意味不明の聞き慣れない声。間違えたと思い再度電話すると、彼女が電話に出たと判明しました。工場長に理由を聞くと、「彼女の両親は確実に先に亡くなります。彼女はいつか一人で生きていかなくてはならないので、電話対応も今のうちに教えておかないといけません」。この説明を受け内田さんは、社員の成長を誇りに感じたといいます。

通常、障がいのある人たちは、製造現場で裏方の作業を黙々とこなすことが多いです。しかし、ゴローズのとある店舗では、軽度の知的障がいを抱える女性が見事に接客業をこなしています。

彼女の仕事は入店されるお客様の出迎えにはじまり、お茶だしと片付け、見送りまで多岐に渡ります。そのすべてをテキパキと、ハツラツとした素敵な笑顔をもってこなしますので、常連客からの評判も大変よく、彼女自身も「お客さんにほめていただくことや、喜んでいただくことが本当にうれしく楽しいです」とやりがいをもって業務にあたっています。実は、内田さんは15年ほど前、先輩経営者に、「なぜ障がい者は製造ばかりで、店頭に立てないのか」と言われ返答に窮した経験があります。お客様に失礼なことがあったら大変という思いがあったのでしょうが、お客様や地域の方々の賛同を得て、共生社会づくりのきっかけになればという願いを込めて彼女が店頭に立つことを決断しました。

その決断は多くの実を結びます。彼女の存在と働きは職場全体に多くのプラスをもたらしました。彼女をサポートしている他の店員たちは、「みんなで考えて協力して仕事ができるようになった」「結束が深まった」「身の周りの障がい者の方々への接し方を考えるようになった」といいます。さらに、この店舗を訪れるお客様たちにとっても、障がい者への正しい理解を促す上での貴重な場となりました。地域の課題は行政だけでなく、小さいことでよいから自らができることで変えていく。内田さんは、こういった小さな成功にこそ地域を変えていく鍵があると考えているのです。

「職人となり、評価される喜びを味わわせてあげたい」

内田さんは、「障がい者雇用によって社風が大きく変わりました」といいます。私は数回視察させていただきましたが、そこには確かに「助け合う社風」が形成されていました。それは「何をもって障がい者というのか、彼らはいわゆる健常者と全く変わらない能力を持っている」という内田さんの理念が社員に浸透しているからでしょう。障がい者への社員の理解度の高さ、責任感の強さを現場で感じ取ることができました。

そんな内田さんとスタッフが語る夢の一つが、「ここで働くすべての人に高度な技術を身につけさせてあげたい」というものです。障がいのある方々が実際に働き、会社の売り上げに貢献し、納税することで社会にも貢献をする。非常に素晴らしいことですが、ゴローズ・プロダクツの目標はさらに一つ高いところに設定されています。

「作業者一人ひとりがケーキのデコレーションなどの難しい作業を習得し、職人となり、コンテストなど外部から評価される喜びを味わわせてあげたい」。目的を明確に持つことで目をキラキラと輝かせるスタッフと、そこで働く障がい者が助け合う社風のなかで、今日もケーキ作りに励んでいます。（木村良太）

仕事を通して豊かな人間形成をめざし人間尊重経営を実践する清掃会社

有限会社　やんばるライフ

自然豊かな地での創業

沖縄那覇空港から車で1時間半、沖縄の美しい海に囲まれた名護市に、有限会社やんばるライフがあります。ダスキンのフランチャイズとして清掃業務を請け負う企業です。「やんばる」とは沖縄県北部「山原」地方のこと。山や森林などが残っている自然豊かな地で、近くには美ら海（ちゅらうみ）水族館もあります。

名古屋出身の比嘉ゑみ子さんが沖縄に嫁いできたのは、沖縄県が本土復帰した翌年のこと。地元に溶け込むために大変ご苦労されたそうですが、沖縄の歴史を知るにつれ、ご自身がここを守っていかなくてはならないと強く思うようになったそうです。

そして、当時は近くにダスキンのお店がなかったこともあり、脱サラを考えていた社長であるご主人と、１９８４年にダスキンのフランチャイズとして創業することになったのです。その後現在の名護市に店舗を移し、１９９６年、有限会社やんばるライフとして法人化しました。

社員33名の中で7名の障がい者のスタッフが元気に働いています。

人は働くことによってつくられていく

会社創立20周年を迎えた時に、地元に何か恩返しをしたいと、比嘉さんは障がい者就労支援のフォーラムに参加しました。そこで障がい者のA君の発言に大きな衝撃を受けたといいます。

「企業のみなさん。僕を雇ってください！　企業で働かせてください。僕は企業で働いて、お母さんを楽にさせたいんです」

それまで沖縄同友会に入会して「人間尊重経営」を学び、働く場所を提供してきた比嘉さんにとって、なぜ今までこのことに気がつかなかったのかと涙が止まらなかったそうです。人は働くことによってつくられていく。その働くステージを、中小企業こそが提供できると思うようになったのです。

折しも、近くの高等支援学校の先生から実習をお願いされていたことを思い出し、早速受け入れることにしました。最初は、サービス・接客業なので障がい者雇用は無理と反対した社員も、比嘉さんの熱い思いに共感し、仕事の入り口から出口までを細かく分解する作業に取り組んでくれました。仕事を分解し仕組みを単純化してみると、誰でもかかわれる場所があるということに気づかされました。

実習生のB君は、片目が弱視、片手が麻痺、知的障がいと三つの重複障がいのある子でした。

B君の実習が始まると、慣れない環境の中でひたむきに仕事をしてくれ、それを見ていた社員が思いやりを持ってB君に接してくれるようになりました。倉庫の中を整理し、どこに何があるかを一目でわかるように工夫し、「なぜできないのか」から「どうしたらできるようになるのか」を社員が自発的に考えるようになったのです。

障がい者雇用によって社員が変わり、そこから経営者も多くのことを学んだといいます。B君は支援学校を卒業後、意気揚々と正社員として入社してきたそうです。

「キレイにしてくれてありがとう」

障がい者の複数雇用に向け、仕事をつくって、B君に先輩として伸びていってもらおうと、清掃事業部をつくることになりました。地元の社会福祉法人と連携を組んで、「お掃除隊」と名付けた作業班を作り、見積もり金額をそっくり渡す「横請け」という仕組みをつくりました。

ダスキンのユニフォームと帽子をかぶって働くと、みな表情が生き生きとし笑顔でお掃除をするようになりました。掃除をした建物の人から「ありがとう」と言われます。そのように社会とのつながりを持つこと、働く喜びを知ること、人に感謝されることが、彼らの生きる幸せになるのです。

C子さんは、おしゃれな女性です。比嘉さんは彼女に京都土産の手鏡をプレゼントしたのですが、トイレ掃除の時、その手鏡を使って便器の裏側まで確認しながら掃除をしているといいます。これは誰も教えていないことなのですが、「キレイにしてくれてありがとう」という言葉を励みに自主的に実行したのです。このことは一緒に働く他の社員にとって大変よい影響を与えました。現場での働く姿勢が、何よりの社員教育として実践されているのです。

比嘉さんは、障がい者雇用について講演を依頼されることが多いのですが、いつも質問されるのは「障がい者を雇用して困ったことはありますか？」ということ。

「あなたの会社では、何も問題が起きていませんか？　障がい者を雇用してなくてもさまざまな問題は発生するものです。できる事できない事を分けて、どうしたらできるかを考えるだけ」と答えるそうです。講演を聞いた方から感動しましたと言われても、「私は特別なことは何もしていませんよ！」と当たり前のように笑顔でさらっとかわす比嘉さんです。

障がい者に対してサポートをやりすぎない、一人一人にあったサポート、仕事を教えすぎない、こんなことを実践して、働く達成感を味わってもらっています。そして何より支援者以外の激励が彼らの大きな支えになっているのです。

仕事を通して人間形成をする場を作っていく

人の役に立つ場所があるのは、人間にとってとても大切なこと。これは、障がいのあるなしではなく、一緒に仕事をする中で教えられたことだと比嘉さんは言います。

「人間はみな不完全で、その不完全さと多様性を認めたところから人間尊重経営の入り口にさしかかるのです」

障がい者雇用は特別なことではなく、当たり前のこととして取り組んでいきたいし、敷居を高く考える必要もない。不完全さをお互い助け合ってこそ、人は生きていけるのです。

「学ぶ」ということは、頭で理解するだけでなく体現し実践しなければ生かせないということです。中小企業の経営者は、経営を通して地域とつながり、仕事を通して人間形成をする場をつくっていく責務があるといいます。障がいのあるなしを分ける必要のない世の中になっていくことが比嘉さんの願いです。

会社の後継者は息子さんに決まっています。そんな中、地元の地域興しをするため、3年前にアセロラを使った化粧品を開発し、地域資源の活用と若者の人材育成を行う事業を始めました。そこで高齢者とハンディをもったみなさんが一緒に働ける場所をつくりたいと取り組んでいる最中です。(岡本恭子)

塩入正敏	
清水洋美	（株）デイアナ　代表取締役
杉田光徳	（株）堀内電機製作所　取締役
杉森賢二	長泉町議会議員
杉山　宏	静岡市役所
鈴木幸司	富士市議会議員
鈴木敏子	（株）シティエフエム静岡　取締役営業本部長
鈴木良明	
染川憲一	（株）古田士経営
高澤　暢	オーバースペック・プロダクションスタジオ　CEO
高橋明希	（株）武蔵境自動車教習所　代表取締役社長
武田和久	
田島浩太	（株）クーロンヌジャポン　代表取締役
土谷弘江	（株）田島鐵工所　取締役総務部長
徳丸史郎	（株）メンタルサポート研究所
富永　治	公認会計士富永治事務所　所長
中園孝信	沼津工業高等専門学校 教養科・国語　特任准教授
野口具秋	
坂東祐治	坂東公認会計士税理士事務所　所長
人見正樹	
平松きよ子	（株）たこ満　相談役
福井琴美	（有）山下化成工業　代表取締役
藤井正隆	（株）イマージョン　代表取締役
増田かおり	（株）マミーズファミリー　代表取締役
桝谷光洋	ブレインセラーズ・ドットコム（株）　ユニットリーダー
村田光生	村田ボーリング技研（株）　代表取締役
望月伸保	（株）もちひこ　代表取締役
山内忠行	（株）ヤマウチ　代表取締役会長
山田　悟	（株）エクミス　代表取締役
吉田奈都恵	青葉総合法律事務所　事務局長

執筆者一覧

法政大学大学院 政策創造研究科 坂本光司研究室

坂本光司	法政大学大学院 政策創造研究科 教授
阿久津早紀子	
荒井佳代子	（株）旅コレクション　代表取締役
荒尾宏治郎	
安藤貴裕	（株）ティーケーシステムズ　リーダー
井上竜一郎	インプラス（株）　代表取締役
宇佐美能基	（有）大丸本舗　代表取締役
大久保 亮	（樋口一清研究室）
大谷由里子	（有）志縁塾　代表取締役
岡田　保	（株）ドリームサポート　代表取締役
岡野哲史	税理士岡野哲史事務所　所長
岡本恭子	岡本会計事務所　所長
鬼塚翔二朗	ウィズラブインターナショナル（株）　COO
門田政己	MON（株）　代表取締役
金津敦子	
亀井省吾	（株）ユナイテッド・エス　代表取締役
木村良太	（有）キムラ加工　取締役
栗田泰徳	アジアイノベーション協同組合　事務局長
黒沢親史	（株）SBSプロモーション　生命保険部
小林秀司	（株）シェアードバリュー・コーポレーション　代表取締役
小林浩幸	富士市役所
近藤博子	医療法人社団博葉会　理事
今野剛也	光誠工業（株）　取締役部長
斉藤和邦	（株）日本ブレイス　代表取締役
笹尾佳子	東電パートナーズ（株）　代表取締役社長
佐藤浩司	（株）サポートケイ　代表取締役

著者プロフィール

坂本光司（さかもと・こうじ）

1947年、静岡県生まれ。静岡文化芸術大学教授等を経て、法政大学大学院政策創造研究科教授。専門は中小企業経営論、地域経済論、福祉産業論。同大学院中小企業研究所所長ならびに静岡サテライトキャンパス長を兼務、経済産業省委員会委員、日本でいちばん大切にしたい会社大賞審査委員長、NPO法人オールしずおかベストコミュニティ理事長など、国・県・市の公務も多数兼任する。

徹底した現場主義で、これまで訪問調査、アドバイスした会社は7,000社を超える。著書『日本でいちばん大切にしたい会社』（あさ出版）、『経営者の手帳』（あさ出版）、『ちっちゃいけど、世界一誇りにしたい会社』（ダイヤモンド社）、『強く生きたいと願う君へ』（ウエーブ出版）など多数。

自宅 静岡県焼津市相川1529
電話 054（622）1717　FAX 054（662）1571　E-Mail K-SAKAMOTO@mail.wbs.ne.jp

坂本光司研究室（さかもとこうじけんきゅうしつ）

坂本光司教授の思想・理念を学ぶべく集まった社会人ゼミ生が約70名所属。職業は経営者、公認会計士、税理士、社会保険労務士、経営コンサルタント、市議会議員、心理カウンセラー、公務員など。坂本光司教授との共著書に『小さくてもいちばんの会社』（講談社）、『日本でいちばん幸せな県民』（PHP研究所）など多数。近年、日本で最も活躍する社会人ゼミとして注目されている。

法政大学大学院政策創造研究科　坂本光司研究室　http://yaplog.jp/sakamoto/

幸《しあわ》せな職場《しょくば》のつくり方《かた》 — 障《しょう》がい者雇用《しゃこよう》で輝《かがや》く52の物語《ものがたり》 —

2014年5月31日 第1刷発行
2014年6月12日 第2刷発行

著　者　坂本光司《さかもとこうじ》 & 坂本光司研究室《さかもとこうじけんきゅうしつ》
発行者　川畑善博
発行所　株式会社ラグーナ出版
〒890-0053 鹿児島県鹿児島市中央町10番地6階
電話 099（221）9321　FAX 099（297）6268
URL http://lagunapublishing.co.jp　E-mail info@lagunapublishing.co.jp

編　集　吉国明彦　大迫忠之　遠矢沢代
装　幀　鈴木巳貴

印刷・製本　シナノ書籍印刷 株式会社

ISBN978-4-904380-30-7 C0034